湘水

黄永玉

岳麓书社·长沙

顾　问

李泽厚　李学勤

编　委

（以姓氏笔画为序）

万俊人　邓晓芒　杨念群　郑佳明　韩少功

总　编

马美著

主　编

黄友爱

装帧设计

吴颖辉

主　办

岳麓书社

编　辑

《湘水》编辑部

地　址

湖南省长沙市爱民路 47 号

邮　编

410006

E-mail

hxq0731@163.com

目录

二〇一六年十月 · 第三辑

楚风湘学

唐浩明

中华民族有一个共同的精神家园，这个精神家园就是中华文化。中华文化是中华民族的灵魂，是维系这个民族的最为强大的纽带。然而，中华文化的形成有一个漫长的历史过程，加之自古以来中国幅员辽阔，地区之间差异大，交流不便，且人口众多，族群并非单一，故而，在中国境内，存在着特色鲜明的地域文化。提得比较多的有中原文化、齐鲁文化、燕赵文化、关中文化、巴蜀文化、吴越文化，包括台湾在内的闽南文化，包括香港、澳门在内的岭南文化等等。其中湖湘文化，更因在近代影响巨大深远而广为人知。

探讨湖湘文化的精神特质，应从两个关键词入手：一为楚风，一为湘学。

楚风即楚之风俗，具体地说即南楚之风俗，这是湖湘文化诞生的基础。

南楚风俗是由南楚也就是湖湘的地与人形成的。

这块土地，有以下几个主要特点：一、位于亚热带，气候温暖，雨水丰沛，宜于植物生长。二、它的东、南、西三面环山，北面是洞庭湖，境内有湘、资、沅、澧四条大河，四条河最后都汇集于洞庭湖。三、境内多丘陵，少平地，大部分土地不肥沃，南部多紫色页岩，土质更为瘠薄。对于整个湖南的地理状况,历来有“八分山水二分田”之说。

据考古资料证实，远在旧石器时代，古人类就在湖湘一带活动。最古老的遗存，可以追溯到五十万年前。据史籍记载，春秋战国时期乃至更早以前，湖湘大地上居住的族群主要有五个，即越人、蛮人、濮人、巴人、楚人。其中越、蛮、濮三个族群一向被称之为南蛮子，他们是湖湘一带的原住民，对这块土地所起的作用力最大。巴、楚两个族群进入较晚，人数较少。大致在西周末东周初这段时期，楚国的势力开始深入湖南，并将其大部分土地纳入楚国的版图。从秦朝开始，湖南在政治、经济以及官方文化方面与中原地区逐渐靠拢。秦汉时期，为躲避战乱，一些北方人南迁湖南。他们凭借先进的生产力和团队的力量占据境内的中心地带，将大部分原住民逼向西部和南部。这批人就是后来的苗、瑶、侗、土家等少数民族的祖先。南下的北方人与继续留在中心地带的人群渐渐融合，成为湖湘地区的主体民族——汉族。

常言说一方水土养一方人。湖湘这方水土养育的这方人是一个什么样的生存状态呢？

对此，古代史册常用这样的字眼来予以描摹：尚武、好斗、喜用剑、轻死、剽轻、易于激发等等。用今天的语言来表述，即崇尚勇武、喜欢打斗、爱好兵器，对死看得轻、剽悍敏捷、容易被激怒等等。对湖湘这种民风形象的最早记载，应属伟大诗人屈原。当我们读屈原的《离骚》《国殇》《卜居》《渔父》等辞赋时，感受到的正是这种氛围。

自古以来所形成的风俗，至今仍在影响着今天的湘人。比如说"霸蛮"这个词，湖南各地的男女老少都会随口说出。湖南人所说的"霸蛮"，通常有两个最主要的内涵：一为野蛮、犟拗、不讲方式、不循常情；一为霸道、强梁、不讲道理、只服力量。这个词中有一个"蛮"字，正说明这是远古南蛮子的遗风。

对湖湘文化的打造起着重大作用的还有湘学。湘学是对湖湘学问、湖湘学派的简称。"湖湘学派"一词最早出现在南宋初期，是当时学术界对以胡安国、胡宏父子为代表的学术群体的称呼。

在一段很长的历史时期，湖南没有本土的大学问家，湖南精英层面沐浴的是"流寓学问"的光辉，屈原、贾谊、杜甫、刘禹锡、王昌龄、柳宗元等人，便是流寓者的杰出代表。其中影响最大的要数屈原、贾谊。青年毛泽东在送新民学会会员罗章龙赴日本留学的长诗中，就把罗章龙比作屈原、贾谊式的人物："年少峥嵘屈贾才，山川奇气曾钟此。"可见屈贾在湖湘的地位。至今仍有人认为，屈贾乃湖湘精英文化的源头。湖南人对屈贾有着一种特别亲切的敬重感，汨罗江边的屈子祠与长沙城里的贾太傅祠，千百年来香火不绝。屈贾对湖湘精英阶层来说，首先是人格方面的影响。屈原追求高尚的理想，不与污浊同流合污；贾谊对朝廷忠心耿耿，梁王坠马殒命，身为师傅的他为之忧伤致死。这里体现的都是人格上的美好。屈原自投汨罗江的壮举，更为湖湘士人血性的培育树立了高山仰止的榜样。其次是他们借文字为湖湘士人的精神开拓了一片高远的境界。《离骚》中的"长太息以掩涕兮，哀民生之多艰"的感叹，《过秦论》中对秦王朝"仁义不施，而攻守之势异也"的批判，在一代代湖湘士人的心里敲起警钟：做官行政，当以民为本，以德为化。此外，屈贾的文风，特别是屈原辞赋中所表现出的波谲云诡、气象万千的想象力和建立在楚地民歌基础上的横绝一时的创造性，更成为湖湘士人激情荡漾、勇于创新精神的源头。

可惜，湖湘毕竟地处偏僻，万水千山阻隔了中原文化的流畅进入。屈贾之后的杜甫、刘禹锡、王昌龄、柳宗元、辛弃疾等人，或在湖湘滞留时间短暂，或在当时当地影响力略逊一筹。湖湘的学术星空，一直寥若晨星，亮度不足。直到晚唐期间，湖湘仍被北人视为地老天荒的蛮夷之地。唐宣宗大中年间，长沙举子刘蜕第一个考中进士，被叫作“破天荒”。显然，以儒家学说为核心的汉民族主流文化，直到那时还谈不上对湖湘大地这个蛮荒之国有着深度影响，湖南尚未有严格意义上的学术研究群体和具备自我特色的学术流派。湖南本土的学术活动，应该说是从周敦颐开始。北宋道州人周敦颐，早年受教于家乡，成年后离开湖南进入仕途。他在《易传》《中庸》及道家思想基础上，提出一个以“太极”为中心的世界创成说，还提出性、理、命等哲学概念，创立濂溪学派，拥有程颢、程颐等一大群优秀弟子。周敦颐不仅因此成为影响最为深远的理学鼻祖，也成为湖南学术发展的强大推动力。周敦颐的再传弟子杨时将他的学问带回湖南，杨时的弟子胡宏及再传弟子张栻对湖湘学术的奠定发挥过关键作用。从那以后，湖湘学术逐渐走向繁荣。相应地，“湖湘学派”也逐渐成为对三湘四水学术群体的通称。他们所讲授的学问，也通常被称之为湖湘之学。

湖湘学术在宋代之后的繁荣，还有一个重要原因，那就是在长沙有一所千年弦歌不绝的岳麓书院。成立于北宋开宝年间的这所书院，因为教学效果显著，并加之真宗皇帝召见山长周式，亲题匾额并颁赐经书，而有幸成为北宋四大书院之一。从那以后，不论时局如何动乱、战争如何残酷，这所位于岳麓山下的高等学府，一直鲜有中断它神圣的教育事业。它聘请各朝各代当时国内一流学者来此授课讲学，广开山门接纳五湖四海的聪颖才俊来此读书。千余年来，岳麓书院担负起湖南学术薪火传承的重大历史使命。

湖湘之学即湘学有哪些特色呢？湘学的特色集中地寄寓在悬挂于岳麓书院内的三块名匾中。

一为乾隆皇帝所题的“道南正脉”匾。“道南正脉”四个字，说的是地处南方的岳麓书院，所传授的学问是理学的正宗。这四个字，既是乾隆皇帝对湘学的高度评价，也指出了湘学的属性，即湘学乃官方所推崇的主流意识形态中的学问。

二是康熙皇帝所题的“学达性天”匾。《论语》说：“下学而上达”，意谓通过求学而领悟高深的道理。这个高深的道理就是理学所研究的理、气、性、命等等，岳麓书院的最高追求就在这里，故而书院特别重视学子在道德、情操、品性等方面的修炼。

三为宾步程所题的“实事求是”匾。这方匾额虽然题写较晚，题匾者的声望地位（湖南公立工业专门学校校长）也远不及两位皇帝，但它却是对岳麓书院千年来办学宗旨的最好概括。什么是岳麓书院的办学宗旨呢？张栻在《岳麓书院记》中说："成就人才，以传道而济斯民。"培养人才，通过传承道统来治理民众。这就是岳麓书院的办学宗旨。"实事求是"说的就是这种服务于现实的精神和作为。它既是书院的学风，更是书院的价值导向，即崇尚务实，注重实践。在这种导向的指引下，湖湘士子普遍把人生价值定位在安邦治国、匡济时艰上。

就这样，在漫长的历史文明进程中，楚风与湘学共同打造了湖湘文化的精神。大致说来，湘学是其内核，而楚风则是滋养发育这种文化的肥沃土壤。

（作者系湖南省作协名誉主席，岳麓书社首席编辑，衡阳人）

凤凰赋

凌宇

武陵深处，湘黔道上，小城观止，天下凤凰，南华三叠，朝夕蒸云蔚霞；沱江九曲，日夜嗽玉流觞，虹桥枕波而卧，白塔指天而立。青瓦白墙，木楼滨江吊脚；画栋雕梁，江阁凭空飞檐。少女荡舟，醉秋山数曲苗歌；黄发席地，钓春水一轮明月。梵音与江涛和鸣，鸟语共市声偕振。一声“狗日的”，未必是恶语相向，当为世居之民；数句“您走好”，定然是礼貌相嘘，应为旅游之客。天营地造，天禄驻跸之所[①]；斗换星移，百姓居安之区。

山川居恒常，人事有代谢。城郭变迁，源流有自。时光流逝，经李唐赵宋蒙元朱明而至于满清；地名更迭，由天禄五寨渭阳镇筸而定于凤凰。溯源寻根，慎终追远，勇

① 天禄：传说中的神兽。凤凰县城所在地，最早叫天禄坪。

凤凰城门

冠三军，盘瓠慨然赴敌[①]；义薄云天，辛女欣然和亲。荒山石室，繁衍有苗之族[②]；筚路蓝缕，开创文明一脉。朝代陵替，人性浇漓。官府怂恿，客民掠地日甚；草根无奈，苗众谋生日蹇。客欺蛮怨，官逼民反。本是姑舅，终为仇雠。肇端明季，构筑边墙。横贯两省四县之地，绵延三百八十余里。烽燧相望，碉楼环环接链；鼓角相闻，哨卡节节连营。客不入峒，苗不出境。兵戈争锋，乾嘉为甚。尸横村野，血赤官道；云惨雾愁，日晦月隐。官府耗银两千万两有余，苗族减员三分之二有奇。国势委顿，清廷由盛而衰；民力伤折，元气由盈而亏。辛亥首义，风云突变。兴废周知，祸福谁料？兵祸竟然连行，边民依旧倒悬。

苦难励志，艰危立人。天开文运，起希龄、星六、个石、从文、永玉之属[③]；人启武事，立兴恕、宏富、国鸿、渠珍、振军之辈[④]，身出贫寒，志存高远；指点江山，际会风云。举手投足，系天下之安危；挥毫泼墨，定文运之消长。俊

---

① 盘瓠：远古神话传说中的神犬，色五彩。帝(高辛氏)南巡，遇敌不克，悬赏有取敌酋之首者，以女嫁之。盘瓠闻言，孤身入敌营，衔敌酋之首而归。帝思盘瓠非人，欲悔婚。帝女知之，以为不义，遂嫁盘瓠。

② 荒山石室：指盘瓠洞。该洞位于凤凰三拱桥乡。传说中盘瓠负辛女奔入深山，以盘瓠洞为居，生六男六女，苗族即其后裔，故苗族有犬父神母之说。

③ 分别指熊希龄、田星六、田个石、沈从文、黄永玉。

④ 分别指田兴恕、沈宏富、郑国鸿、陈渠珍、李振军。

杰固当气雄，儿女亦复情长：艽野尘梦，情为西原而守，直逼蓝桥遗恨[1]；边城新赋，魂为三三所牵，堪比秦台弄箫[2]。如泣如诉，入歌入弦。世人徒羡：名臣气度、儒将胆识、大师风采，生前得意，死后留芳；智者则知：宦海诡谲、兵事艰危、文坛孤独，成因败生，毁随誉傍。抑扬高低成音韵，是非成败见肝胆！

回眸历史，满怀苍凉。地处边陲，身置荒蛮。千载孤独，唯求温饱安宁；百年梦想，渴望平等尊严。任寒暑交替，看日月升降。天道无私，人间送暖；否极泰来，峰回路转。民族不再隔离，姑舅终归团圆。城郭重修，展数卷绝妙画图；人文厚积，呈一部神奇诗章。酒香不惧巷深，地灵何妨道远。纷至沓来，尽多南腔北调；连贯络绎，不绝金发碧眼。览胜识明珠，循踪读经典。名播五洲，见于今朝，凤翔九天，期以明日！

（作者系湖南师范大学文学院教授，龙山人）

① 艽野尘梦：指陈渠珍所著《艽野尘梦》一书。该书系陈渠珍回忆年轻时入藏抗英平叛，后因兵变，率湘籍官兵百余人返内地，历尽难危，最终仅数人生返的往事之作。“西原”为陈在藏期间所娶爱姬，随陈返内地时，于途中病逝。

② 边城新赋：《边城》系沈从文著名小说。沈自己说，这篇小说中主人公翠翠是以妻子张兆和为原型的。三三，指张兆和在家中四姐妹中排行第三，故沈从文在家书中常称其为三三。

凤凰游

李元洛

凤凰台上凤凰游，
凤去台空江自流。

每当我读到李白《登金陵凤凰台》一诗，虽然明明知道这位诗家天子所说的凤凰台，是在江苏南京的凤台山上，但却不免要常常联想到远在湘西的边城凤凰，或者，每当别人提到我早已心向往之而迟迟身未能至的凤凰古城，李白的上述诗句，总是要不请自来的敲叩我的心扉。

凤凰，传说中美丽而神奇的边城凤凰，诞生和养育过一代才人沈从文的凤凰，虽然我多年前就和你订下了相见之约，但是，什么时候，我才能有机会前来拜访你？

一九九〇年六月，我们在长沙迎候了旅台湖南作家参观访问团。他们要去游览湘西张家界，也有意访问自然景观与人文景观兼胜的沈从文的故乡。由湘西土家族苗族自治州文联安排，六月十一日黎明，我们从湘西首府吉首市出发，生风的四轮在画山绣水和苗人的传说土家族的民歌中穿行，当阳光把沈从文笔下的河流洗亮时，我们已经来到凤凰城的边境。

汽车在南华门外的桥头戛然而止，我们迫不及待地从车中跳出来，徘徊于横跨沱江的公路大桥之上，让饥饿的眼睛饕餮凤凰城——这一幅大自然和历史的杰作，当作一席丰盛的从来没有品尝过的早餐。边城，边城，这就是沈从文的边城了。蔚然深秀的山峦从四面环抱古城，碧如玻璃的沱江傍城而过，如果说凤凰城是一部史书，那四周山色和一曲清江，就是它的封面和封底，而古色古香的南华门呢？它的雉堞与城楼雄峙于两峰之间，其下是进城的必经之路，有如史

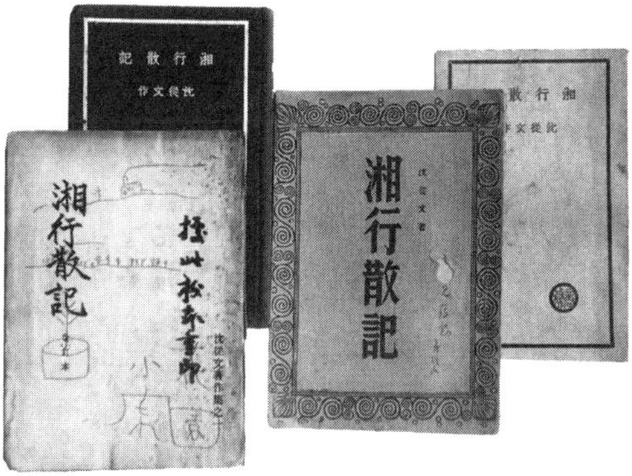

沈从文《湘行散记》书影

书的扉页，从城门洞进去才可以细细翻阅其中的章章节节。当我们在桥上游目四顾之际，跨海同来的原籍贵州的苗族老作家姜穆和籍贯湖南益阳的年轻小说家羊恕，却不仅用眼睛而且用相机在饱餐四周的风景，而陪同前来的湖南师范大学中文系教授凌宇，因为是出生于湘西的苗族人，又是沈从文研究专家，他对这一带十分熟悉，所以在一旁如数家珍地指指点点。姜穆常用笔名牧野，小说、诗歌、杂文创作及文学研究无不涉猎，已出版著作四五十部，虽不说“等身”，也可谓“及肩”。他对沈从文也素所钦仰，在台湾东大图书公司印行的他的专著《三十年代作家论》中，就有两篇研究沈从文的长文。大约是他自己也是行伍出身而自学成才，其中一文就是以《“行伍”作家沈从文》为题，认为沈从文是一位“不可多得”的“没有受过正式教育、全靠自修而成的大作家、大学者”。在他凭栏四望目不暇接之时，我仍见缝插针问道：“你老家在贵州锦屏，和湘西虽是邻居，对凤凰却是第一次见面，胜地初游，不知有何感想？”他的回答可说是快人快语：“好漂亮的文学之旅！我以前读沈从文的作品，只知道他的家乡美，现在亲历目睹，真美！我不想走了，只想住在这里了！”

“不想走”是一厢情愿，因为按照预定的日程，有“小南京”之称的酉水重镇王村，和其旁的风景清幽的猛峒河，还在双双等候着远方来客。于是我们从南华门驱车进城，马路虽不宽阔却颇为整洁，行道树绿阴如盖，两旁是几百条全由青条石铺成的小街小巷，房屋朴素古雅。这座僻处湘、黔、川之交的古城，虽然也有一些新式建筑，看得出现代文明也在敲打它古老的门环，但它们却好像还没有完全从古代的梦中醒来，有如《桃花源记》中一帧玲珑精美的插图。

车到招待所，我们步行去寻访沈从文的旧居。在古朴的小巷中七弯八拐，有如在遥远的逝去的岁月中巡行，最后在一条巷口站定，听人介绍说：“巷子尽头就是沈先生的家了。”巷闾深深，岁月也深深，时光已经流过大半个世纪，巷子里，还能听到一百一十年前那个婴儿的哭声吗？青石板上，还能寻觅到那个聪颖而顽皮的少年的足迹吗？天地无言，只有那条饱经沧桑的青石板小路领着我们，来到沈先生的旧居前。这是一座一层三进砖房瓦屋，因为年深月久，房主早已易人，前几年才由有关方面收回并重加修葺，大门横额的“沈从文旧居”字样，由著名书画家黄苗子题写。观光团的正、副团长应未迟和铁陀两位老先生，忙不迭地招呼大家在门口照相，他们大约是想把历史召回到眼前，定格在相框里，然后带回海峡彼岸去吧？我们鱼贯而进，逐室参观。实物不多，大都是一些复制的照片，在一间房里的玻璃展柜中，展出的是凌宇为花城出版社所编的一套十三卷《沈从文文集》，以及他所著的《从边城走向世界》和《沈从文评传》。趁凌宇为大家讲解之时，我独自走进天井一侧的沈从文小时的书房，临窗一桌呈深栗色，印痕斑驳，童年和少年的沈从文坐在窗前，仰望天井上的一角蓝空，他的如飞鸟一样的心，该时时飞往山外他所向往的世界吧？我不禁沉思冥想起来：当代的著名作家、历史学家、考古学家和书法家沈从文，一九〇二年十二月二十八日就在这里呱呱坠地，在充满传奇与坎坷的一生之后，一九八八年五月十六日逝世于北京，终年八十六岁。他一生写了近五百万字的著作。从一九二四年《晨报》刊出他的第一篇作品《七毛钱》开始，到一九四九年封笔时为止，他实际从事文学创作的时间只有二十五年，写出了其中包括《边城》《长河》《从文自传》《湘行散记》等优秀的小说和散文。一九四九年以后，尚未到知天命之年的他，就由于种种原因从文坛上消失了，故宫博物院却接纳了一位兢兢业业、默默无闻的工作人员。沈从文认为他以前的作品都是“习作”，他本来还有创作几十部文学作品的计划，但是，这一切都为《中国古代服饰研究》《中国龙凤图案》《龙凤艺术》所代替了。不是沈从文，那几部关于文物的著作仍然有人可以写出来，但是，沈从文计划中的许多作品却是别人无法写出的，沈从文自己也永远无法写出了。

凤凰城内外还有许多名胜古迹，城内有朝阳宫、遐昌阁、天王庙等二十多座寺庙楼阁，城外有一座建于唐代的唐城，城楼与城墙都保存完好，我们从沈从文旧居出来，有的只是匆匆浏览，有的已无暇也无心造访，而直奔南华山下的文昌阁小学。这间小学虽小，却出了两位大名人，一是名画家黄永玉，一是黄永玉的表叔沈从文。学校背倚南华山，风物清嘉，校园内有荷池一方，靠近山坡离荷池不远之处，有一形似壁炉四季长清的古井，它美丽的名字叫“兰泉”，沈从文就是在这个小学里取得了他一生中最高的文凭。由神奇的湘西而美丽的古凤凰而风荷秀水的文昌阁小学，我不由得不想起“地灵人杰”这个成语，也不得不承认人文地理学确有道理。《礼记·王制》篇早就说过，“广谷大川异制，民生其间者异俗”，这，不就是指地理环境对人的作用吗？沈从文离乡别井数十年后于一九五七年回到故里，曾坐在荷池与兰泉之间的一间教室里听课，重温他儿时的幻梦。一九八二年五月他生前最后一次回乡，仍然来这间教室听课。回到北京后，尽管他当时住房极其狭窄，生活颇为清苦，但他还是在年底将《沈从文文集》的九千多元稿费加上平时微薄的积蓄共一万元人民币，寄给文昌阁小学，他在给“校长先生”的信中写道：“希望能邀校中一二年长负责同志，斟酌情况，将此款全部用于扩建一所教室及一宿舍，略尽我一点心意。我离开家乡多年，对于家乡实在毫无贡献，生平又都不积钱，寄来的钱数有限，事情极小不足道，希望不要在任何报刊上宣传，反而增加我的不安和其它麻烦，十分感谢。如能够因此使各位老师和小同学稍稍减少一点上课时过度拥挤及居住方面的困难，我就觉得极高兴了。”后来，学校决定盖一栋藏书楼，去信请沈先生题“沈从文藏书楼”几个字，老作家寄来了漂亮的章草“藏书楼”条幅，但却未冠以自己的名字。他的言行，确实是和他所说的“我只是个普通的乡下人，没有什么了不起”是一致的。如今，我仰望白墙黑瓦青砖的掩映在名山之下绿树丛中的“藏书楼”，想起巴金老人在《怀念从文》一文中说过的沈从文“不仅有很高的才华，他还有一颗金子般的心”这句话，心中不禁感慨丛生。姜穆则一边不停地拍照，一边还喃喃自语：“文学之乡，不虚此行。我将来说不定要申请当凤凰的市民呵！”

从文昌阁小学出来，我们漫步在青碧如镜穿城而照的沱江边。沱江，是少年沈从文常常来游泳戏水的地方。褐红色石头砌成的高达三层的古城楼“璧辉门”仍然临江而立，铁皮包钉的厚木城门仍然锈色斑斑，窄窄的青石板小桥依然贴水而过，两岸的捣衣声依然荡入远山。璧辉门，你镇守了千年岁月，还记得那位少年和他的伙伴在你的门洞里追逐吗？石板桥，你阅读了百年流水，还记得那位少年和他的伙伴在你的清波中嬉戏吗？漫步江干，我不由忆起一九八二年沈从文回京路经长沙时，我们请他来《湘江文艺》编辑部座谈的情景。我坐在会议室的一隅，读他头上的白发，读他额上的沧桑，读他和善如婴儿的笑容。现在睹景怀人，我更加感到惭愧的是，一九八三年夏我去北京拜访沈老和他的夫人张兆和女士，曾借得他们仅有的一本美国出版的杂志，上载沈老一九八〇年访美时的一篇讲话，但在招待所却不知被何方神圣不告而取了，当时我遍寻不得，绕室彷徨，真可谓心急如焚，事后我一直不敢向沈老和张老交代，现在，也再无法向沈老交代了。

沈从文生前在一篇文章中说：“俗说凤凰不死，死了还会再生。”他的一首旧体诗中有两句是：“人本洁来还洁去，留得清白在人间。”凤凰再生毕竟是初民的神话，斯人已矣才是眼前的现实。“凤凰鸾鸟，日以远兮”，在沱江边，在凤凰城，在古长沙，李白的诗句不止一次地越过千年来敲响我心中的怀念与悲怆：

凤凰台上凤凰游，
凤去台空江自流。

（作者系诗评家、散文家，长沙人）

秋水凤凰

唐小兵

循着从文先生温情脉脉的文字，在一个秋雨缠绵的黄昏，我终于触摸到边城凤凰的魂灵，一种源自心灵深处与这江南小镇碰撞的温暖与疼痛，几乎让我泪流满面。

行在沱江边的青石板街上，听任雨水顺着伞檐清脆地坠落，我贪婪得像一个顽皮的孩童，呼吸着湿润的空气，呼吸着石板街缝长长短短的历史遗韵，呼吸着千百年来在这块土地上发生的故事酵发的气味，街的一边是颓败的古木房舍，不时可见“祠堂”、“庙”之类字眼。一条街就是一段历史文本，也许用心才能读了解每一块青石板背后负载的叹息与欢欣。

如果说青石板街是小镇这勇武有力汉子的臂膀，那么沱江便宛然如清新可人的女子恬静地舒展在他的臂弯里，不时在水阔浪急的拐弯处打一两个苍白可爱的哈欠，让人顿生无穷的怜惜之情。秋水弥漫，沱江却仍旧不急不躁，宽厚地吸纳秋雨，裹挟着浪花，撞击着礁岩，沿着亘古的河道向下游流逝。孤独的水车偏立一隅，嘎吱嘎吱地哼唱陈年的老歌，岁月在它的躯体上刻满了伤痕，也倾注了回忆，可惜如今它仅仅是沱江边一挂无所用心的风景。相对于沱江上气势恢宏古色古香的虹桥，我更喜欢随意搭在江面上的便桥，它仅仅是几根树干捆缚而就，出奇的简洁与粗糙。在雨水丰盈的秋夜，没有比独自徜徉在这木桥上更浪漫惬意的事情了。令人遗憾的是沱江的跳岩已不复存在了，据说原本在江里有一条用石头铺就的路，石头高矮不平并且相隔很远。当地民俗相信新郎须背着心爱的新娘勇敢地从江的一头跨步跳岩过往对面，才能够今生今世永结同心。多美丽的传说呵，却伴随着那些被毁弃的跳岩沉落江心付诸东流了。

自然，沱江两岸的吊脚楼才是独具风情的。或粗放或细致的圆木错落在江水里，初看似乎柔弱而不堪时间的折磨，却恰恰是它们经年累月地撑持着依水而建的吊脚楼群。青瓦上照例升腾着苍茫的雾霭，风雨飘摇中这些历经变迁而存留的吊脚楼依旧傻傻地站在江岸，敞开灰暗而粗鄙的窗棂，将痴痴的眼神付与江面上随风而逝的乌篷船，付与曾经如许的喧哗与欢歌。红灯笼依旧是次第开放在小桥流水人家的廊柱边，不过是因些许或深长的落寞而黯淡了色泽。依稀可见窗户背后人影浮动，继续演绎着小人物的离合悲欢。各色的服饰因棒槌的敲击、沱江水的浸润鲜活而灵动，兀自张扬在晚近的昏黄中。沱江清流不舍昼夜，任性地冲刷这些古旧的建筑。再也听不到从文先生笔下的吆喝与对歌，再也看不到他所描绘的情深意浓的场景。在如今的人世间，谁还会像水手牛保一样为一个偶然相识的风尘女子单纯地欢喜或哀愁呢？那些恣肆的风情，那些温热的情怀，那些怨艾而幽深的眼眸，那些粗犷而笨拙的桨橹声都与世浮沉烟消云散了。谁还会像茶峒辰河边的翠翠空守渡船期冀着傩送的出现一任内心交织着苦痛与焦灼？也许他明天回来，也许永远不回来了，为了这“也许”，她竟然无悔地用一生去守望。

沱江两岸的吊脚楼群也好，古老水车也好，也还只是在诉说一种浅淡而迷离的忧伤，而雄浑、苍老的古城墙却以被湮灭的辉煌悲壮地呼喊。相对于前者的瘦弱与柔和，古城墙则坚硬而粗野，自信地绵延并护卫着这座历来为兵家必争之要塞。北门城楼的城门已很破落，粗浅不一地丛生许多青苔，却仍可窥见它的沉稳与厚重，城墙照旧是飞檐勾角，照旧是一些充满图腾意味的图案与纹饰。可以想见若干年前为了这城门的攻与守，多少年轻人的鲜血与生命凝固在此化归尘埃。浓烈的硝烟、摇摇晃晃的云梯、滚落的石头、呐喊与哀鸣、青春与死亡、陷落与永恒，熔铸成一团浓得化不开的历史风云堆积在这块土地上经久不散。漫步在苍黄而冷清的城墙上，体会着历史擦肩而过的伤痛，聆听着沱江水浪击石的沉闷而顽强的回声，我终于顿悟了“天地玄黄”的深切涵义。

黄永玉为从文墓地所写碑文

黄永玉在沈从文先生的墓地题写了一块石碑：“一个战士要不战死沙场便是回到故乡。”这也许是对一生崇尚清淡却性格坚强的从文先生最传神的概括。从文先生的墓陵仅仅是一块浑然天成的取自听涛山的巨石，正面镌刻着从文先生的格言:“照我思索，能理解‘我’;照我思索，可理解‘人’。”善哉斯言，从文先生倾注笔墨正是为了营建一个人性的世界，那些属于湘西也属于世界的风土人情在他的笔下精致而充满丰盈的细节，人与历史与自然与命运就那么难舍难分地交融在一起，幻化成一曲历久弥新悦人耳目的民谣。从文先生纤弱而细腻的情致，粗蛮而执着的性情，以及一颗悲悯达观的心，或许恰恰可以从凤凰古城在这秋水浸淫下线条、色彩的硬朗与柔丽、粗放与纤细的奇怪统一中觅寻到一个解读的线索吧。

（作者系华东师范大学历史系副教授，衡阳人）

『镇筸』出『凤凰』

张伟然

一

二十多年来，我对凤凰一直保持着特殊的关注，尽管从没去过。

一九八八年，我在岳麓山下读研；深秋，业师何业恒先生带我去拜访住他隔壁的林增平先生。当时林先生那篇《近代湖湘文化初探》问世未久，受此影响，“湖湘文化”在三湘四水间高唱入云。何先生自己是历史地理学家，尤以珍稀动物的分布变迁研究堪称独步，可他希望学生们对乡邦文化能有所钻研。林先生说：凤凰作为湖南、贵州交界的一个偏僻小县，近代以来出了三个世界级人物——熊希龄、沈从文、黄永玉；要是能对他们何以成功探讨一下，将是一件很有意思的事。

这是我第一次接触凤凰。之前，只对熊希龄、沈从文有一些了解，但从没关注过那个地域。由此也种下了我后来从事湖南历史文化地理研究的前因。一年半以后，当我负笈沪上、投考谭其骧先生的博士生，多亏有了这一段用功，对于谭先生在面试中提出的关于湖南地域文化的问题多少能够应答一点。谭先生当即对我说，如果能够考上，希望我就湖南、湖北的范围做一个区域历史文化地理的工作。

当时“湖湘文化”的热潮刚刚兴起。就是在全国，研究地域文化也还不成气候。很多人都在做一些概述性的讨论。而湖南师大已出现了多位用功甚深的专门家。其中一位是中文系凌宇先生，他关于沈从文的研究早已引起国际性的关注。另一位是历史系周秋光先生，他对熊希龄资料的整理和研究也已广受学界佳评。两位先生都在锦年素时，他们对我的登门求教从不嫌弃，或提示资料，或分享心得，让我每次想起来都感念不已。

更令人感念的还有另一个场景。当资料读得差不多时，我清理了一下思路，想再去找一次林先生。正筹划着，有一天在去图书馆的路上碰见了他。当时漫天飞雪，他身着青色外套，缓缓地从政史楼旁边的长坡往下走。我迎上前去，向他汇报。他且说且走，一路转过语数楼，把意见说完，然后缓缓离去。我站在雪地里，心潮澎湃，眼前弥漫着一片温暖的绵白。

转年开春，稿子杀了青，参加学校的“五四”征文，榜上亦有名。学校原本说要出一个专辑，但不果行，不知跟入夏后的形势变化有无关系。总之，文章交上去后如泥牛入海，直到八年后回母校参加学术活动，当年经手其事的一位同学谈起，才知原稿尚在其箧中。因请寄还，恍如隔世。

现在看来，那篇习作非常幼稚。我之所以不讳言于它，一是不敢忘怀师恩，二来可用以考验自己读书的进境。其三还有个妙用，就是每当看到学生的作业怒不可遏，回看一眼自己的当初，可以多一份仁恕之心。

那篇文章从时代、凤凰的自然环境和民俗、少数民族血统、相互间影响五个方面展开，通共五千字，面面俱到，泛泛而谈。其中最不能解释的是：文中提到的那些客观因素在其他地方，至少在湘西简直是普遍性的存在，为何只有凤凰出了“三杰”？

二

文化地理学研究人物的成长环境，以探讨环境对所出人物的激励和制约，从技术上属于统计分析。在人文社科领域，统计分析最重要的前提是分类。我在前文中没有意识到个中利害，对“凤凰三杰”等量齐观。其实，他们的成长很明显分属于两种类型。

熊希龄属于科举入仕。他的成功首先是天资聪颖，科场得意。十四岁入学，十九岁中举，二十四岁成进士、点翰林，这些，与凤凰的环境基本上无关。如果说有关，只能说是负相关。在一些文教昌明之地，士子足不出乡里就可以完成受教育的全过程；而身为凤凰人，熊希龄为完成学业，不得不转徙芷江、长沙。因而，他的成功在凤凰很难被复制，当地以类似方式达到与他相当高度的人绝无仅有。

问题是，科场得意而顺利入仕的并不鲜见，而作为堪与熊希龄相提并论的为数不多。这，恐怕不能不认为其中有着凤凰那个环境的影响。

当熊希龄成长时，凤凰的行政建置是直隶厅。直隶厅是清代特有的行政制度，主要设于一些开发尚未“成熟”的地区，境域与县相当，而行政级别介于府、县之间。当时设在湘西的有乾州（今吉首）、凤凰、永绥（今花垣）三个直隶厅，都是嘉庆二年（一七九七）升格的。之前是辰州府下的三个厅。凤凰厅于乾隆五十五年（一七九〇）由凤凰营改建而来。

凤凰营始置于明隆庆三年（一五六九），原址在今县城西南六十里的凤凰山，因山而得名。县城旧名“镇筸”。关于其得名所自，道光《凤凰厅志》卷一《沿革二》有云：“厅名镇筸者，以昔日乾州之四里、永绥之六里，其苗人归镇溪千户所管辖，责永顺土司承担，为镇苗。凤凰沿边，东北自湾溪，西南至鸡公寨止，四十八寨苗僚，归筸子坪长官司管辖，责保靖土司承担，为筸苗；设参将一员，驻麻阳，兼管镇溪、筸子坪二处苗人，曰镇筸参将。此镇筸所由称也。嗣因参将职卑权轻，又麻阳距苗地较远，改设镇筸副将，移驻五寨司城，而五寨司遂以镇筸称名矣。”

这段话中，“镇筸”是“镇溪”、“筸子坪”两个地名的合称，可信。但作者有多处没讲明白，约而言之有三点：一、“厅名镇筸”，指的是“厅城”又名“镇筸”，若“凤凰厅”则从未被称为“镇筸厅”。二、“镇筸”作为地名系因官员的管辖范围而来，所指本来不限于今凤凰。

“镇溪”驻地即今吉首市城区。宋熙宁三年（一〇七〇）于此置镇溪砦，隶泸溪县。明洪武三十年（一三九七）置镇溪军民千户所，“时辰州泸溪县主簿孙应隆招谕蛮民复业者多，遂置千户所以镇之，以应隆为镇抚”（《明太祖实录》卷二五〇）。康熙四十三年（一七〇四）“改土归流”，裁千户所，设乾州厅；留下地名“所里”，于一九五三年更名“吉首”。

“筸”在字书中无释义。《汉语大字典》仅标明其读音，然后列“镇筸”条，释曰：“古镇名。即今湖南省凤凰县沱江镇。因其地有筸子坪溪而得名。”等于没解释。按“筸”字从竹，现通行作“竿”。据《湖南省凤凰县地名录》（凤凰县人民政府一九八三年编印），竿子坪“原名叫竹子寨，因山里竿竹丛生，村里人常在这里的集市坪里卖竿竹，故名竿子坪”。其说似较合理。

其三，将“镇”、“筸”二地牵合在一起，其初并非始于“镇筸参将”，而是更低级别的“镇筸守备”，初设于正德八年（一五一三），隶麻阳参将。嘉靖三十三年（一五五四）移麻阳参将驻“镇筸”，才称“镇筸参将”。因而，原五寨司城被称作“镇筸”，当始于明正德八年（一五一三）。

入清后，镇筸地位不断看涨。顺治三年（一六四六）驻军将官由明代的“参将”升为“副将”；康熙三十七年（一六九八）移“沅州镇”（驻芷江）为“镇筸镇”，从此为总兵驻地。康熙四十三年（一七〇四）“改土归流”，于凤凰营置流官（通判），移“辰沅靖道”驻镇筸（原驻芷江）。从此该城又为道台驻地。终清之世，镇筸为湘西最重要的军、政中心。

明了这一背景非常必要。沅水流域古来为“溪蛮”之地，秦汉以降开发极为缓慢；唐宋在此续有措置，但主要侧重凤凰北面的永顺、保靖，以及其南面的芷江、麻阳，这一形势至元明不改。元代在今凤凰设五寨长官司；明因之，又增设筸子坪长官司，均属保靖土司。明中叶后该地渐形冲要，入清后竟渐次成为湘西管钥之地。这一形势一直延续到民国。直到今湘西自治州以吉首为治所，凤凰才降格为普通一县。

“凤凰营通判”自设置（一七〇四）后，由于与道台交流不便，不数年（一七〇九）自凤凰营移署镇筸城。自此，镇筸城又享有“凤凰”之号。乾隆五十五年（一七九〇）升“凤凰营通判”为“凤凰厅同知”，俟后“镇筸镇总兵”仍驻扎于此，因而厅治一直亦称“镇筸”。直到民国后，由于“镇筸镇总兵”不存，该地才得以专称“凤凰”。——不少人以为“镇筸”与“凤凰”这两个地名为先后继承关系，其实在清康熙以后两百年中，

镇筸及凤凰相关诸位置示意图

它们一直是并存关系。因为来自军、政两个不同的命名系统。

咸同军兴，凤凰有不少人起而弄潮。个中翘楚田兴恕（一八三六 — 一八七七），初随乾州人邓绍良出征长沙，一战成名，年方十六；咸丰六年（一八五六）自将五百人，号“虎威营”，亦称“筸军”。因其为镇筸人，且营中同乡甚多；而“镇筸”原系“镇”、“筸”二地合称而来，“镇”既别建乾州厅，自然要大张“筸”字旗号。

由此涌现一大批军功人物，其中有五人位至提督。咸丰十年（一八六〇），田兴恕授贵州提督、钦差大臣；次年兼署贵州巡抚，年方二十四。同治二年（一八六三），沈宏富（一八三七 — 一八六八）署贵州提督，此人即沈从文嗣祖。

其他追随者自然都升赏有差。

值得一提的是，沈从文曾追述这段历史，说："江南大营包围太平军的天京时，筸军中有一群卖柴卖草亡命之徒，曾参与过冲锋陷阵爬城之役，内中有四五人后来都因军功作了'提督军门'，且先后转成'云贵总督'。"（《一个传奇的本事》）这段话无一句有来历。其中最重要的是，筸军根本就没参与天京之战。它成军后，先是在江西与石达开部作战，咸丰八年（一八五八）转战贵州，之后一直在西南战场。而且，前后无一人升至云贵总督。

筸军史诗般的成就大大激励了当地后生的人生理想。沈从文说："在湘西十八县中，日本士官生、保定军官团、云南讲武堂，及较后的黄埔军官学校，前后都有大批学生"，而凤凰"同其它县份比，占人数最多"；以至"到抗战前夕为止，县城不到六千户人家，人口还不及二万，和附近四乡却保有了约二千中下级军官"。这一数量估计容有夸张，但当地"一切年轻人的出路，都不免寄托在军官上"，殆近于事实（《一个传奇的本事》）。

熊希龄的父祖三代均为中下级军官。基于他的天资，家庭为他选择了一条与众不同的培养道路。而生长在那样一个环境，他性格中天然地具有那个环境赋予他的一些特质：积极、坚韧。唯其积极，他初出茅庐便站在时代浪尖上，参与湖南新政，开设时务学堂、创办《湘报》；唯其坚韧，他在仕途上起起落落，始终奋发有为；即使在历尽宦海劫波后也不甘消沉，转而从事社会慈善事业。这种性格，可以说既是熊氏一生事功的原动力，也是那个时代多数凤凰人共有的心理特征。

三

与熊希龄不同，沈从文、黄永玉两位属于自学成才。他俩都没受多少正规教育。沈从文高小没念完；黄永玉“文化”稍高，也只读到初二。他们都是在少年时怀揣梦想，奔赴他乡，在读社会这本“大书”的过程中完成自我教育的。

本来，教育的实质就是自我实现，无论读“小书”还是“大书”。坐在教室里，纵有明师指点，如果自身不主动，到最后无非是浅尝辄止，甚至得其门而不能入。反之，如果将学习当成一种内在的需求，那么翠竹黄花无非妙道。当年弘忍法师临终付嘱，东山五百人都寄望于高座神秀，到后来弘忍的选择竟是在厨下踏碓八个月、从未至堂上的带发修行人卢行者。可见学习、求道这等事，与天资有关，与缘分有关，与形式、身份之类无关。

湖南人考虑问题比较透彻，因而湘籍学者中特多自学成才型人物。沈从文、黄永玉作为文艺家，写作、绘画本来就是一勤学苦练的事，从这一意义而言，他们的自学成才不足为奇。

其卓异之处在于两点：其一，他们都是在很小的年纪就离开故土，孤身一人到异乡去漂泊；在一种近乎流浪的过程中，不仅顽强地活了下来，而且奇迹般地成就了自己。他们为什么敢这样子出去闯？

黄永玉曾感慨：“我们那个小小山城不知由于什么原因，常常令孩子们产生奔赴他乡的献身的幻想。”（《太阳下的风景》）沈从文则承认，他和黄永玉都或多或少受了点故乡水土中“浪漫情绪”的影响，“作成一种诗的抒情、有趣的发展”（《一个传奇的本事》）。个人感觉，这种“浪漫情绪”、这种“献身的幻想”都根植于凤凰那深厚的从军传统。从军就是搏命，讲究出生入死，斗智斗勇。打破了生死关，将未来攥在手上，不管从事何种工作，自然“始终充满信心，顽强坚持”，为此“克服来自内外各种不易设想的困难”（《一个传奇的本事》）。赤手空拳到他乡去闯世界，不过是家常便饭而已。

其二，开始读“大书”时，沈对写作、黄对木刻基本上没入门，短短几年工夫，他们不仅成了名，而且达到相当高的水准，能够融入主流以至逐渐影响、引领主流。这，绝对是沈、黄传奇人生的最精彩之处。

也许有人认为，这是他们天赋异禀、更兼勤奋过人所致。对此我不敢苟同。学艺这事，最紧要的是眼光。徐悲鸿在中央美院一份《教师登记表》的“个人专长”栏中，亲笔填写着：“能鉴别中外古今艺术之优劣。”我认为，这才是一个成为大艺术家的先决条件。

曾见过多少人自我奋斗，用功不为不勤，天赋不为不高，但未能取法乎上，终致成就有限。湘人性情倔强，不信邪、不畏难，个别人甚至好与有成就者为仇，若未能树立正确的价值取向，结果往往令人叹惋。其例甚多，不烦枚举。

那么，沈、黄两位为何能在学无常师的环境中，找到正确的奋斗方向？

我认为这里面有远近两方面的因缘。就远的来说，凤凰虽然僻处湘黔边界，万山环绕，但作为湘西清代的军政中心，自咸同以降，它已经向洞庭湖以外的广阔世界敞开了门户。不仅一代一代相继出外打拼，到清末甚至有人放洋留学。因之，新式学堂、照相馆、公司厂矿等新事物纷纷在此出现。这不仅在湘西独占鳌头，即使在湖南也属于得风气之先。因而那里的有志少年，早已具备“独上高楼、望尽天涯路”的气概。

至于近因，我们可以注意到熊与沈、沈与黄之间都存在着亲戚关系，个人认为这中间有一个积极影响在。熊、沈之间关系较远。沈从文少年时，因从军之便曾在芷江的熊公馆出入过半年；后来去北京闯荡，熊希龄对他帮助不多。但熊氏的成就，无疑对沈从文深有刺激。沈从文曾记述一九三七年底他表哥夸他：“人家都说你为我们家乡争了个大面子，赤手空拳打天下，成了名作家。也打败了那个只会做官、找钱，对家乡青年毫不关心的熊凤凰。”（《一个传奇的本事》）这话表面上对“熊凤凰”不以为然，但说话的方式分明透露出，“熊凤凰”正是沈从文奋斗道路上的一个重要参照系。

沈从文那位表哥就是黄永玉的父亲。在黄永玉成名前，他从没见过这位表叔，两人之间也很少联系；但黄永玉对这位表叔非常景仰，凡沈从文的作品，见一本买一本，引以为自豪。沈、黄之间，既是亲戚，又是同道，更是知己。我们可以看到在关于沈从文的文字中，黄永玉写得最鞭辟入里；而关于黄永玉的文字中，沈从文写得简直就是夫子自道。

显而易见，他们之间的这种先后影响不是技术性的，但是比任何技术性的影响都更加深远。

四

很多人注意到，“凤凰三杰”都具有少数民族血统。黄永玉为土家族，其父的姑母即沈从文母，沈从文祖母为苗族，熊希龄母吴氏亦为苗族。以前我也认为这一点对于他们的成功影响很大，现在看来，对这一点恐怕不能估计过高。

少数民族血统的影响，一般说来都会落实到性格上。有些人认为，少数民族比汉人更强悍，更吃苦耐劳。我不太敢以为然。在凤凰那样一个数百年来多民族杂处的山地环境，即便是汉族，其性格中的坚韧与吃苦耐劳也到了一个相当高的水平。况且，清代无论科举还是行伍中论功行赏对少数民族都有一定的限制，因此，我个人认为至少在熊希龄的人生道路上，这一点对他影响不大。

至于沈从文与黄永玉，由于从事的是文艺领域，有一定特殊性。少数民族背景为他们的成功确实创造了得天独厚的条件。他们的作品，无论情怀还是想象抑或表达，在在都透着湘西那方水土的神秘。而这，是极有助于他们在陈陈相因的艺术圈脱颖而出的。也许换作同样熟悉当地生活的汉族，也能创作出同样风格的作品。但数十年来乡邦后辈尚未出现与他们比肩的成就，只能说，大凡传奇都很难被复制。

之所以难复制，个人化的因素在此可不提，我认为极重要而不能不在此郑重一说的是时代。沈从文剖析他自己“只缘于正面接受了‘五四’余波的影响，才能极力挣扎而出，走自己选择的道路”，同时他认为“大多数比我优秀得多的同乡”，只因没有出来，才未能有所成就。(《一个传奇的本事》)所谓“优秀”与否在此可不置论，但他和黄永玉的成功始于他们的“极力挣扎而出”，应是一个不争的事实。

我没去过凤凰，不知那里的少年今天是否还有人怀揣着奔赴他乡献身的梦想。但我敢断定，即使有，也不可能再出现新一代的沈从文、黄永玉。别说他们没有文凭、不懂外语，就凭他们年纪轻轻赤手空拳孤身一人在他乡流浪，有关部门的“临时工”早就把他们遣送回原籍了。

时代咿呀向前，“凤凰三杰”的成功属于民国那个已经逝去的年代。

（作者系复旦大学历史地理研究中心教授，安仁人）

穿过洞庭，翻阅大书

——记沈从文与黄永玉

李 辉

最近，我将黄永玉所写沈从文的文章，以及沈从文所写黄家的文章和书简，编选一本《沈从文与我》，已由湖南美术出版社出版。

看似一本小书，历史内涵却极为丰富，文化情怀与亲友情感，呼应而交融，呈现着无比灿烂的生命气象。因为，沈从文与黄永玉之间的故事，实在是一本不可多得的厚重之书。

且让我们先读读他们两个家庭的渊源，读读他们叔侄之间的故事。

翻开这本小书，我们读一部大书。

常德的浪漫

黄永玉与沈从文的亲戚关系相当近。沈从文的母亲，是黄永玉祖父的妹妹，故黄永玉称沈从文为表叔，近一个世纪时间里，两家关系一直非常密切。其中，还另有一个特别重要的原因——沈从文亲历黄永玉的父母相识、相爱的全过程，并在其中扮演着一个特殊角色。

一九二二年的湖南常德，一个小客栈里寄宿着两个来自凤凰的年轻漂泊者，一个是沈从文，另一个是他的表兄黄玉书。沈喜爱文学，黄喜爱美术。在沈从文眼里，这位表兄天性乐观，即便到了身无分文拖欠房租，被客栈老板不断催着他们搬走的境地，他依然于自嘲中表现出诙谐与玩世不恭。根据沈从文的回忆，黄玉书结识了同样来自凤凰的姑娘——杨光蕙，凤凰苗乡得胜营人氏，任常德女子学校美术教员，两人很快恋爱了。

关于黄玉书的这一感情进展，沈从文说得颇为生动形象："表兄既和她是学美术的同道，平时性情洒脱到能一事不作整天唱歌，这一来，当然不久就成了一团火，找到了他热情的寄托处。"更有意思的是，沈从文说他开始替表兄写情书。每天回到客栈，表兄就朝沈从文不停作揖，恳请他为自己代笔向杨姑娘写信。沈从文在湘西从军期间，曾是长官的文书，代为起草文件，偶尔还为人书写碑文。当读到这篇《一个传奇的本事》时，我们方知他还是表兄的情书代写者。谁想到，在一九二三年前往北京闯荡社会走进文坛之前，他竟是在这样的情形下，开始了文学写作的预习。

就这样，两个相爱的凤凰人，在另一个凤凰人的帮助下，进行着浪漫的爱情。一九二三年，沈从文离开常德，独自前往北京，开始他的文学之旅。表兄说得不错，几年之后，他所欣赏的表弟真的成了文坛的新星。

沈从文走后，黄玉书仍留在常德。同一年，黄玉书与杨光蕙在常德结婚。一年后，一九二四年八月九日（农历七月初九），他们的长子在常德出生。几个月后，他们将他带回凤凰。

不用说，这个孩子就是黄永玉。

漂泊中“翻阅大书”

世上能让黄永玉心悦诚服的人并不多。但在为数不多的几个人中，沈从文无疑排在最前面。多年来与黄永玉聊天，我听到他提得最多、语气颇为恭敬的，总是少不了沈从文。在黄永玉与文学的漫长关联中，沈从文无疑是极为重要的一环。

我认识黄永玉其实与沈从文有关。一九八二年，在采访全国文联大会时我认识了沈从文，随后去他家看他，在他那里第一次读到黄永玉写他的那篇长文《太阳下的风景》。看得出来，沈从文很欣赏黄永玉。我的笔记本上有一段他的谈话记录，他这样说：“黄永玉这个人很聪明，画画写文章靠的是自学，他的风格很独特，变化也多。”当时，我主要研究现代文学，对沈从文、萧乾有很大兴趣。这样，我也就从沈从文那里要到了黄永玉的地址。由此相识，几近三十年。

不少人写过沈从文，但写得最好的是黄永玉。一九七九年岁末，黄永玉完成了长篇散文《太阳下的风景》，文章中的最后一段话，总是让人产生丰富的想象，感触良多：

> 我们那个小小山城不知由于什么原因，常常令孩子们产生奔赴他乡的献身的幻想。
>
> 从历史角度看来，这既不协调且充满悲凉，以致表叔和我都是在十二三岁时背着小小包袱，顺着小河，穿过洞庭去“翻阅另一本大书”的。

的确，他们两个人有那么多的相似。

他们都对漂泊情有独钟。沈从文随着军营在湘西山水里浸染个透，然后独自一人告别家乡，前往北京。黄永玉也早早离开父母，到江西、福建一带流浪，在漂泊中成长，在漂泊中执著寻找到打开艺术殿堂大门的钥匙。

两人有很大不同。沈从文到达北京之后，就基本上确定了未来的生活道路，并且在几年之后，以自己的才华引起了徐志摩、胡适的青睐，从而，一个湘西“乡下人”，在以留学欧美知识分子为主体的“京派文人”中占据了重要的一席之地。黄永玉则不同。由于时代、年龄、机遇和性格的差异，他还不像沈从文那样，一开始就有一种既定目标。他比沈从文的漂泊更为频繁，眼中的世界也更为广泛。在十多年时间里，江西、福建、上海、香港、台湾……他差不多一直在漂泊中，很难在一个地方停留下多少日子。漂泊中，不同的文学样式、艺术样式，都曾吸引过他，有的也就成了他谋生的手段。正是在一次次滚爬摔打之后，他变得更加成熟起来。在性情上，在适应能力上，他也许比沈从文更适合于漂泊。

“他不像我，我永远学不像他，我有时用很大的感情去咒骂、去痛恨一些混蛋。他是非分明，有泾渭，但更多的是容忍和原谅。所以他能写那么多的小说。我不行，愤怒起来，连稿纸也撕了，扔在地上践踏也不解气。”黄永玉曾这样将自己和沈从文进行比较。

“生命正当成熟期”

是沈从文起了“黄永玉”这个笔名。

一九四六年前后，黄永玉最初发表作品时是用本名“黄永裕”，沈从文说，“永裕”不过是小康富裕，适合于一个“布店老板”而已，“永玉”则永远光泽明透。接受表叔建议，黄永玉再发表作品时，不再用“黄永裕”而改为“黄永玉”。从此，“黄永玉”这个名字得以确定，沿用至今，本名反倒不大为人所知了。

沈从文对黄永玉的影响，在我看来，并不在于文学创作的具体而直接的影响与传承，因为两个人的文学理念、风格，其实有着一定差异。我更看重的是，他们之间更为内在的一种文学情怀的关联，一种对故乡的那份深深的眷念。

黄永玉回忆过，他儿时曾在凤凰见过沈从文一面，即沈从文一九三四年回故乡探望重病中的母亲，以给张兆和写信方式创作《湘行散记》之际。黄永玉当时只有十岁，匆匆一见，只问一声“你坐过火车吗”，听完回答转身跑开而已。

抗战胜利之后，在北平的沈从文意外得知，表兄的儿子已经成为木刻家，活跃于上海木刻界。从此，漂泊在外的表侄二人，开始有了联系与交往。

一九四七年初，黄永玉将四十余幅木刻作品寄至北平，希望得到表叔的指点。《一个传奇的本事》即在这一背景下写作的，这是目前所见沈从文对黄永玉其人其画的最早涉及。

沈从文当年不仅本人欣赏与喜爱黄永玉的木刻，还将他推荐给他的朋友和学生，如萧乾、汪曾祺等人，希望他们予以帮助和支持。此时，黄永玉刚刚走进上海，其木刻艺术崭露头角，沈从文的这一举荐，无疑丰富了黄永玉的文化人脉，对其事业发展起到了一定推动作用。一九四七年在上海，汪曾祺与他开始成为好朋友；一九四八年在香港，萧乾促成黄永玉在香港大学举办了一生中的第一次画展。于是，年轻的黄永玉，在一个更大的舞台上脱颖而出，赫然亮相。

从容

“文革”刚刚结束，黄永玉便把沈从文作为他第一个用心描述的“比我老的老头”，绝非偶然。他们之间，实在有太多的历史关联。换句话说，在黄永玉的生活中，表叔一直占据着颇为重要的位置。三十多年时间里，他们生活在同一城市，有了更多的往来、倾谈、影响。

在我的藏书中，有两本有意思的书与他们叔侄有关。一本是一九五七年黄永玉出版的插图集《阿诗玛》，为该书题签的是沈从文，而且是用不大常见的隶书；另一本是一九六〇年沈从文出版的专著《龙凤艺术》，封面上的苗族妇女速写，是黄永玉专门为此书而画。两本互有关联，恰是那一时期两代凤凰人的文化唱和。

沈从文为黄永玉《阿诗玛》一书题签

同在一座城市生活，沈从文与黄永玉来往颇为频繁，颇有惺惺相惜之

一九五〇年沈从文与黄永玉在北京

感。沈从文的侄女沈朝慧（后由沈从文抚养）不止一次告诉我，上世纪五十年代以来，在亲友中，沈从文与黄永玉关系最亲近。一次，沈朝慧这样对我说：

爸爸和表哥关系一直很好，很融洽。表哥从香港到北京后，我们两家来往最多，每个星期都要聚。我是一九五九年“十一”从凤凰来跟着爸爸的。六十年代，我经常陪爸爸去表哥家。当时，我们住在东堂子胡同，他们住在北京站旁边的罐儿胡同，离得不远，沿着南小街一会儿就走到。妈妈出差，或者参加“四清”去了，我们就去得更多了。爸爸很喜欢和表哥在一起。因为，在我们家里，饭桌上吃饭，妈妈和哥哥们，喜欢谈些社会上的、政治上的事，大哥那时比较幼稚，经常与爸爸辩驳，二哥偶尔也插嘴附和。我向来不关心政治，也不相信任何事。那个时候，爸爸在家里很难沟通，他的情绪一直也很压抑。

老太太晚年有很大改变，变得开朗了。其实，她也很不容易。做一个名人的妻子，很难。“文革”期间，他们相互能谅解，与过去不一样了。

表哥从一开始就与我们家里的人不一样，他总是与爸爸聊很具体的生活的事情，讲开心的事，让爸爸高兴。

表哥也很关心爸爸。有了稿费，就买个圆桌子送来。六十年代，知道爸爸喜欢听音乐，就买个大的电子管的收音机送过来。

（二〇〇八年二月十四日与李辉的谈话）

亲情、方言、熟悉的故乡、相同的非党艺术家身份……多种因素使得他们两人少有隔阂，交谈颇深，哪怕在政治运动此起彼伏的日子里，往来也一直延续着。艰难日子里，正是彼此的相濡以沫，来自湘西的两代人，才有可能支撑各自的文化信念而前行。

沈从文是黄永玉写得最多，也是写得最丰富生动的一个人物。他钦佩表叔精神层面的坚韧，欣赏表叔的那份从容不迫的人生姿态。他写表叔，不愿意用溢美之词，更不愿意将其拔高至如伟人一般高耸入云。《太阳下的风景》《这些忧郁的碎屑》《平常的沈从文》……他以这样的标题，多层面地写活了一个真实、立体的沈从文。

在黄永玉笔下，沈从文平常而从容，总是怀着美的情怀看待这个世界。因热爱美，沈从文才执着于对美的研究。过去，他倾心于文学创作，在《边城》和《湘行散记》等一系列作品中，升华生活之美，渲染或营造心中向往之美；

如今，在远离文学创作之后，他又将古代服饰研究转化为对美的发掘。拥有此种情怀的沈从文，与黄永玉有另外一种与众不同的交流。

从容，欣赏美，沉溺于创造，这样的沈从文，竖起一个高高的人生标杆。

沈从文写“黄家前传”

姓黄？姓张？哪怕到了八十几岁，黄永玉自己也说不准确黄家姓氏。自儿时起，他听前辈说过，他们黄家原本姓张，但为什么后来改姓黄，黄家的人死后的墓碑上为什么照例刻上“张公”而非“黄公”，原因不明。

不过，沈从文“文革”期间偶然一次“心血来潮”，开始写一部长篇小说，第一章题为《来的是谁？》——“黄家前传”浮出水面。

这是沈从文一次特殊的文学创作冲动——借写黄永玉家族而写湘西的历史沧桑。

一九七一年，沈从文从湖北咸宁文化部的干校，致信河北磁县干校的黄永玉。据沈从文信中所述，黄永玉之前曾致信表叔，建议表叔以小说来写“家史及地方志”。黄永玉没有想到，表叔真的听从他的建议，劳动之余开始动笔，很快写出长篇小说的第一章，并且是以黄家故事开篇。在写给黄永玉以及黑蛮、黑妮“两小将”的信中，他充分论述对以小说写历史、写故事的文学见解，自信但不免又有些忐忑不安，对能否完成小说，前景不敢乐观。

沈从文远比黄永玉更熟悉黄家故事。黄永玉的曾祖父是沈从文的外公，沈从文前往北京进入文坛之前，陪伴沈从文一同漂泊湘西的又是黄永玉的父亲。黄家的渊源，想必曾是两位表兄弟滞留洞庭湖时的话题。沈从文对黄家家世的追根求源，好像有着特殊兴趣，尽管许多年过去了，以黄家家世来写一部小说的愿望，却在沈从文心中一直没有消失。如今，在咸宁“五七干校”劳动时，他终于找到了重续文学之梦的最好方式：为黄家写一部小说。

黄永玉至今难忘当年收到沈从文小说手稿的情景。

时在一九七一年六月上旬。在“五七”干校劳动的黄永玉，突然收到沈从文厚厚一叠邮件：

> 我打开一看，原来是有关我黄家家世的长篇小说的一个楔子《来的是谁？》，情调哀凄且富于幻想神话意味。……那种地方、那个时候、那种条件，他老人家忽然正儿八经用蝇头行草写起那么从容的小说来？……解放以后，他可从未如此这般地动过脑子。……于是，那最深邃的，从未发掘过的儿时的宝藏油然浮出水面。这东西既大有可写，且不犯言涉，所以一口气写了八千多字。

一部未竟长篇小说的开篇，一位老人不期而至，又飘

一九四七年黄永玉为沈从文小说《边城》所作木刻插图

然而去，渲染出神秘、魔幻的气氛，“姓黄还是姓张”的悬念，留给小说中的黄家人。

姓黄还是姓张？沈从文的小说没有给出答案。

姓黄还是姓张？是否能够找出真实答案，也许真的不重要。人们知道的是，后来，二十几岁的黄永玉，与一位广东姑娘梅溪恋爱结婚。梅溪恰好姓张。

有意或无意，“黄”与“张”融为了一体。

沈从文刚刚动笔写这一构想中的史诗般小说，很快，一九七一年九月，林彪“折戟沉沙”的历史事件忽然发生。中国局势随后缓解，滞留在“五七”干校的沈从文等人，开始陆续返京。回到北京。沈从文有了集中撰写古代服饰史的可能。这或许是小说只写一个开篇，便戛然而止的直接原因。

黄家史和故乡风俗史无法再现了。对于沈从文，对于黄永玉，都是一大遗憾。

故乡，太阳下的风景

一九八二年，黄永玉带着八十岁的沈从文一起回凤凰，住在位于白羊岭的黄家。这是沈从文的最后一次故乡行。六年后，沈从文去世，骨灰送回故乡，安葬在凤凰城郊一处幽静山谷。沈从文墓地的一块石碑上，镌刻着黄永玉题写的一句话："一个士兵，要不战死沙场，便是回到故乡。"

沈从文翻阅过的人生大书，从此合上。他永远融进故乡太阳下的风景。

年过九旬的黄永玉，还在翻阅他的人生大书，一部正在写作中的《无愁河的浪荡汉子》，延续着故乡情怀。他不止一次说过，这部小说，如果沈从文能看到，一定很喜欢，也一定会在上面改来改去。如今，坐在书桌前的黄永玉，仿佛仍能感受到沈从文的关切目光，一直连载着的这部长篇小说中，仍能听到熟悉的声音，看到熟悉的身影在闪动。

一部大书，在延续……

（作者系《人民日报》文艺部副主任，湖北人）

楚人气质和凤凰精神

凌云岚

一九三七年抗日战争全面爆发，年底，沈从文从山东转南京，取道武汉、长沙，于一九三八年初辗转到达湘西沅陵，在沅陵住了四个多月。这一次在战火逼近下的回乡之旅，给沈从文带来怎样的新思考，可以在其散文集《湘西》中找到答案。在新的时代背景之下，远离中心的湘西突然成为全国战略、交通等各方面的重心，也引来了前所未有的关注。在《湖南的西北角·序》一文中，沈从文描述此时的湘西，“一面是长沙临时大学，中央军校向川滇迁移过境，一面是政治学校、商学院、艺专、湖南大学，以及三十余公私中学，及无数国家机关单位陆续向上疏散，对湘西都不免怀着戒心，为安全问题而苦恼。绥署深感责任复杂重大，对物价控制、对房屋分配、对难民输送、对整个治安强化及粮役西政进行，也无一不超过想象以上烦难而复周折”。湘西门户的打开，带来的是外部世界与本土空间的撞击，其引发的地方与中央、本地和外省、少数民族和汉族等诸多层次的摩擦，使得沈从文有心对湘西的区域文化再作梳理和介绍。这一次，湘西区域文化的独特性，是被放在民族战争的大背景之下加以呈现的，其得其失，莫不与此相关。如何在尊重区域历史和文化的同时，谋得地方与国家的新的调和，这种“调和”又究竟是否可能？湘西能否摆脱历史中那一层层浓郁的悲剧宿命感，借此时机赢来地方的新生？这些问题构成此时期沈从文对地域文化改造和反思的核心。

沈从文（摄于一九三八年）

抗战期间因战事而进入湘西的外地人，对这一地区的观感，大多是新奇兼恐惧。新奇感是来自“边城”独特的地域文化和风情，恐惧感则是源自地区的蛮荒和匪乱。一九三八年长沙临时大学师生组织湘黔滇旅行团步行入滇，“借以多习民情，考察风土，采集标本，锻炼体魄，务使迁移之举本身即是教育”。而这个旅行团进入湘西境内之后，在凉水井到沅陵一带，便遭遇土匪过路抢劫，后决定旅行团乘车离开沅陵，固然有雨雪封路之因，但也是为了早日离开土匪出没地区，早日到达晃县（今新晃侗族自治县）。事实上在湖南境内，保安队还对这支由后来的联大师生组成的队伍不时加以保护,可见当时湘西境内的“匪患”之重。同时，在过境湘西时，部分同学还戴上了外科面具以防止受到传说中苗族放蛊的毒害。临大师生尚且如此,可以想见,一般社会民众对湘西这一封闭区域的“无知”和“误解”。

正因如此，沈从文的《湘西》开宗明义，表明自己的写作目的首先便是为了使外人对这地方的过去、现在和将来产生关切，“并希望这本小书的读者，在掩卷时，能对这边鄙之地给予少许值得给予的同情”。简言之，向“外地人”介绍地域文化和地域历史，是沈从文作为湘西人在此时自觉承担的一种文化职责。无疑，民族战争可以弥合地方内部各种类型的利益冲突，也可以缓解不同利益群体之间的矛盾，“国家”和“地方”就此联系在一起，两者原本的“裂隙”也借此得以缝合。沈从文希望自己的读者理解且同情这方乡土，其最终的关注点正是落在这里。如果说《湘西·题记》的前半篇，沈从文是面对外地读者在言说，那么题记的后半篇，沈从文的言说对象，已变为“生于斯，长于斯，将来与这个地方永远不可分的同乡”。言说对象的不同，使得沈从文的地域文化的解析角度也发生变化，这也是《湘西》这本小册子的另一写作目的，以“湘西人”的身份，对地域文化的消极面即所谓“人事上的弱点”进行反思，寻求改造之途径。

至于借此时机，改变民族、地方兴衰之命运，甚至推进整个湘西地区浴火重生，或许也是沈从文此时的一点“私心”。正是在民族战争的特定背景之下，沈从文再次建构了自己的地域文化观，这一时期的思考之中，强调了对于地方精神的反思。同时，自凤凰——湘西——湘楚——中国，他援引区域文化进行整个民族文化改造的思路在此背景下也再次得到强化。他从地方文化中所提炼出的“凤凰精神”乃至“楚人气质”，正是为此文化改造思路而寻找的地方资源。事实上，“凤凰精神”和“楚人气质”之间，又有相通之处，《湘西》中多次提及楚文化对湘西地域文化的影响：

> 慷慨好义，负气任侠，楚人中这类古典的热诚，若从当地人寻觅无着时，还可从这两个地方的男子中发现。……湘西的神秘，和民族性的特殊大有关系。历史上楚人的幻想情绪，必然孕育在这种环境中，方能滋长成为动人的诗歌。想保存它，同样需要这种环境。(《沅陵的人》)
>
> 且想起两千年前的屈原，忠直而不见信，被放逐后驾一叶小舟飘流江上，无望无助的情景。更容易关心到这地方人将来的命运……《泸溪·浦市·箱子岩》
>
> 三楚子弟的游侠气概，这个地方因屯丁子弟兵制度，所以保留得特别多。在宗教仪式上，这个地方有很多特别处，宗教情绪（好鬼信巫的情绪），因社会环境特殊，热烈专诚到不可想象。(《凤凰》)

沈从文这一时期对凤凰精神的关注点集中在“浪漫情绪”和“宗教情绪”两个方面，这两个方面的结合便是“游侠者精神”，而“游侠者精神”恰是楚文化精神在凤凰这一特殊区域内的遗留，也是此地地方性格形成之重要基础。游侠者精神在凤凰地方性格中之所以浸润深远，又与此地即便在湘西境内仍属特别的地方历史相关。“三楚子弟的游侠气概，这个地方因屯丁子弟兵制度，所以保留得特别多。”沈从文之所以特别强调“游侠者精神”，其思考自然有受到民族战争这一时代背景的影响，毕竟，游侠者精神中的“尚武”、“复仇”、“剽悍”、“重然诺”等方面，在此特殊时期，其“实用价值”可谓不言而喻。在此意义上，凤凰自然可谓“湘西”之代表，读懂凤凰精神，便可了解湘西地方文化之大半，更可借此上溯，探讨整个楚文化区域内地方文化和性格之特色，及这种地域文化之价值所在。

浓烈的“浪漫情绪”和“宗教情绪”，只有可能存留于沈从文笔下“神未解体”的地方，湘西因历史原因造成的地方的蛮荒闭塞，从另一面看，促成了中国南方楚文化在此地的地域文化中留下了自己的烙印。所谓楚文化，即中国先秦时期，以南方少数民族的巫鬼文化为主体，融合汉族文化的影响，而形成的一种文化形态，楚人的幻想情绪和浪漫情怀，在此地独特的自然和文化背景之下，方能持续发酵。就沈从文自身而言，这种幻想情绪和浪漫情怀在

沈从文摄凤凰虹桥

其文学创作中，体现为他“对美——‘生命’自由的炽热追求与对人类远景凝眸的幻想情绪”。至于宗教情绪，落实在历史和现实层面，是“有所信”（“迷信”）和对此信念的执着。沈从文上世纪四十年代对以美育代信仰，使人对生命、对神性有所畏惧、有所向往的思考，似也与这种地方精神有相通之处。借他的话说，一个伟大纯粹的艺术家：“必对人生有种深刻的悲悯，无所不至的爱，而对工作又不缺少狂热和虔敬，方能忘我与无私。”这种“爱、悲悯、狂热、虔敬”，既为个人所需要，更为整个民族、国家所需要，也正与沈从文所提炼的“凤凰精神”一脉相承。

以凤凰精神为基点，考察此时期沈从文对整个湖湘文化的看法，不难发现其“一以贯之”的思路。一九四六年，沈从文作《怀昆明》一文，回忆自己初到昆明时，住在从前湖南人蔡锷住过的房子中。蔡锷的素朴风度及宽和人格，给当地人留下的印象是“够朋友”，言及此事，沈从文感慨系之，因谈及湖南人的地方性格中有“忠诚、热忱、勇敢、负责、始终其事”等长处，而这正是“楚虽三户，亡秦必楚”气概之根柢。在《新党中一个湖南乡下人和一个湖南人的朋友》中，论及凤凰人熊希龄时，他也强调熊希龄的“楚人底子”，“楚人有它的民族气质，不特显著于自沉清流的三闾大夫，还浸透于一切平凡心灵。由于生命力充沛，特点也就恰是弱点：易负气轻生，难媚世屈己”。在沈从文看来，熊希龄中年后将全部精力投入慈善事业和平民教育，是出于“爱与不忍之心”，这种博大悲悯情怀，恰来自他的地方背景。总之，不论是从个体出发分析地方性格，还是从整体出发探讨地方文化精神，沈从文在抗日战争时期，是将地方精神作为民族精神改造的重要资源的，他对凤凰精神——楚人气质中积极因素的反复强调，也正源于这种文化改造思路。

沈从文在一九四〇年的特定时空背景之下，对于地域文化精神的深层发掘和思考，并不仅限于如何对地域文化资源进行利用；同样，对于地方精神中的负面因素，也是其这一时期地域文化观的重要组成部分。在《凤凰》中，提及游侠者精神时，沈从文从历史经验总结：“这种游侠精神若用不得当，自然也可以见出种种短处。或一与领导者离开，即不免在许多事上精力浪费。甚焉者即糜烂地方，尚不自知。”

在论及湘西的民族性时，李震一也提到其负面因素是“心底狭窄与好勇斗狠”。这种褊狭极端的地方性格，同样也是湖南精神的弱点所在，“湖南人单纯性急处于事实无补，只作成到处冲突精力对销的机会”,“所谓湖南精神若只知‘打仗’或‘打架’，那未免太小了”。“楚人历史传统的激情，极容易形成性格上的孤立性和悲剧性。竟若自然的分定无可避免。在文学运动上，或尚可从异途同归中见出进步成绩。在军人中则‘互不上下’与‘人自为战’，长处与弱处已评分。在政治上则易创始而不能守成，能得人信托而不善适应机会。”正是在反思的基础上，沈从文提出所谓“新湖南精神”:“我以为真的湖南精神应奠基于做人态度。要紧处是对工作理想在任何情形下都不放松，谈改造尤其是能用耐心和勇气去实现。努力时永远不灰心，学习中永远不自满，小小成功永远不自骄，困难来临时永远有办法去克服战胜。”

民族战争给沈从文对地域文化精神的思考设定了一个方向，上世纪三十年代作为“乡土世界”代表的湘西世界，在新的时代背景之下，强调的不再仅是它作为现代文明参照系所具有的本真之美，而是更具“现实意义”的游侠者精神。沈从文对凤凰精神、楚人气质的诠释和反思，实质也是对地域文化的重组和建构，未尝不蕴含他对地方文化精神复兴的希冀。

（作者系中国传媒大学文学院副教授，龙山人）

凤凰的民间艺人们

左汉中

凤凰，是一个与民间艺术有着天造地设、水乳交融缘分的名字，沱江两岸，堆锦叠绣，南华山上，有凤来仪。沈从文先生说过："地名凤凰县，凤穿牡丹的主题图案，在这个地区保存得也就格外多而好。图案组织的活泼、生动而又充满了一种创造性的大胆和天真，显然和山歌一样，是共同从一个古老传统人民艺术的土壤里发育长成的。"

正是与民间艺术的结缘，我一次次来到凤凰，在苗绣、织绵、蓝印花布、凿花、银饰、纸扎等民间手工艺品上邂逅"凤穿牡丹"的主题图案，更为庆幸的是，我与这些图案的创造者——凤凰的民间艺人们得以相识，并且交上了朋友。一晃二十多年过去了，他们中有的已经去世，有的已见衰老，有的还正当年富力强……

美髯公聂方俊

纸扎艺人聂方俊与画家黄永玉

聂方俊，艺名聂胡子，是因为他有一把漂亮的胡须而得名。一九三一年生，凤凰县城关镇团鱼脑人，父亲聂伯谋是有名的纸扎艺人，他子承父业，善扎狮子头、龙头、罗汉、花篮、采莲船、灯彩、纸人纸马等，其中最擅长的是扎狮子头。聂氏狮子头之所以在湘黔州交界地带享有盛名，主要在于其造型的新奇和制作的精良，他独创了“竹丝曲篾”的技艺，增加了竹架结构的韧性与弹力，有了扎实细密的骨架，又有漂亮生动的外观，还能经得起摔打。聂氏狮子头成为凤凰县纸扎工艺代表作品，走出湘西，蜚声国内外。

聂胡子与常见的乡土艺术家相比，多出几分精明和干练，识文断字又颇能说会道。从中央到地方的电视台，都做过他的专题，荧屏上总是美髯飘逸、谈笑风生。有一次凤凰县举行声势浩大的青年集体结婚典礼，特邀聂胡子扮演月下老人，作为众多新婚夫妻的证婚人，可见他在凤凰县享有崇高的威望。

聂胡子与凤凰籍画家黄永玉是亲戚，他称黄永玉为表叔。黄永玉几次为“方俊贤侄”造像，被我收入到《黄永玉全集·小品插图卷》，黄老还为他题写了一副对联：“光长胡须难当饭，全凭手艺要大王。”黄老在凤凰的玉氏山房里，就挂着聂胡子鼎顶之作——两米高的巨型狮子头。

一次我邀请聂胡子去北京参加民间艺术节，他带着两大箱纸扎活儿赶火车，正遇上全国糖酒会没买到卧铺票，又担心纸扎活儿受到挤压。他把纸箱搁到座位上，自己找个角落蹲了一宿到北京。这让先期赶到北京的我内疚了好长一段时间。在北京的民间艺术节上，他的狮子头一销而光，卖出的价钱不菲。特别是前来参观的老外，对他的狮子头兴趣百倍，颔首称赞。

去年春天我去凤凰，又一次到聂胡子家做客。这一次，我看到聂胡子身体有些弱了，他双手微微打颤捧出一大叠书稿，是他的新著《凤凰纸扎工艺大全》，他不无遗憾地说：“写这本书好呷力，我不会电脑，还有些文字和图片做不出……”谁知，这是我最后一次见聂胡子，今年二月五日早晨，聂胡子抛开了他的那部遗著和手边的纸扎活儿，离我们而去。

可敬可爱的聂胡子，凤凰古城从此少了一位纸扎匠，失去了一道民艺的风景，您去了天堂，可不知，遥远的天国也需要纸扎匠么？

其它问题，不足为道，免了。

匆祝

安好

黄永玉

一五年二月十五日于北京

太阳城

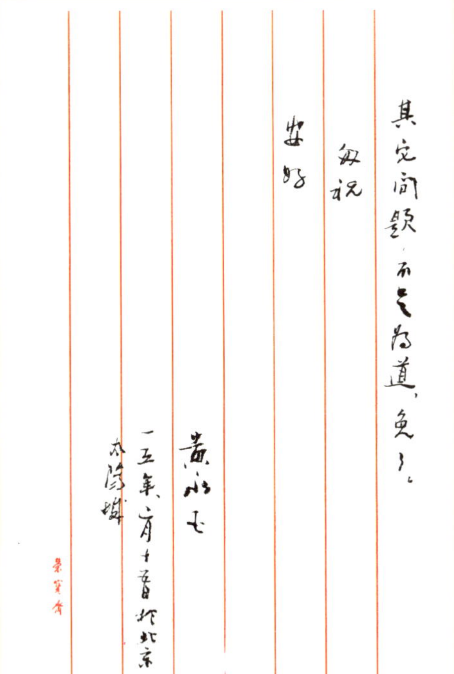
其它问题，不足为道，免了。
匆祝
安好
黄永玉
一五年二月十五日于北京
太阳城

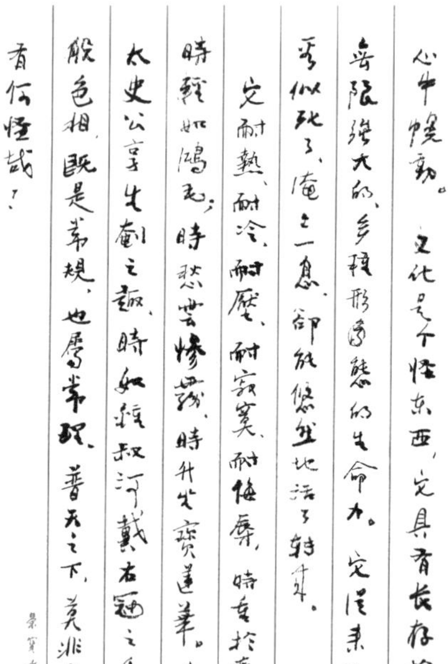

心中晃动。文化是个怪东西，它具有长存于世、无限强大的、多种形态的生命力。它从来不死！看似死了，奄奄一息，却能悠然地活了转来。

它耐热、耐冷、耐压、耐寂寞、耐侮辱；时重于泰山，时轻如鸿毛；时愁云惨雾，时升坐宝莲华。时如太史公享生阉之趣，时如锺叔河戴右冠之乐。诸般色相，既是常规，也属常理。普天之下，莫非王土，有何怪哉？

当然存在进过泡菜坛的经历，道理却无头绪。

三、四，画风之于我，因未接受过正规教育，东嗟西捡得来之学问，成果容或见出异象，谓之风格，未尝不可，但终究不成气候，实情当为先生谅解。

五、过去湖南八十年文化风气变化，这个问题与全国文化当有密切关系。我素来头脑狡猾，胆子不大，不敢去思想这类东西。『为楚有材』（『为』或作『惟』）四个字倒常在

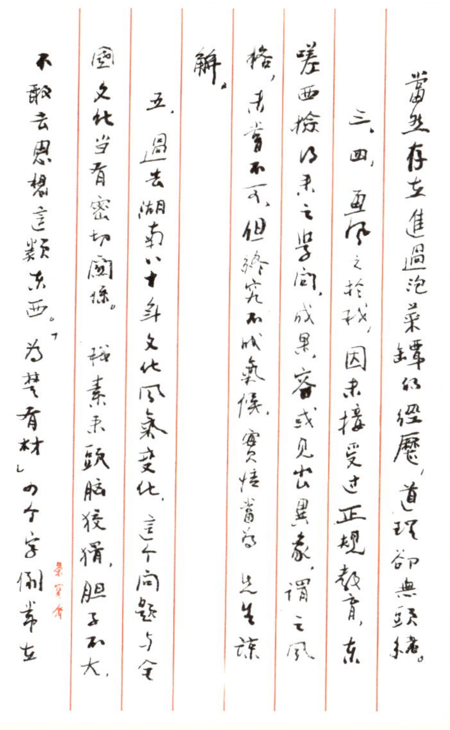

當然存在進過泡菜罈的經歷，道理卻無頭緒。

三、四，画风之於我，因未接受過正規教育，东嗟西捡得来之学问，成果容或见出異象，谓之风格，未尝不可，但终究不成气候，实情当为先生谅解。

五、過去湖南八十年文化风气变化，这个问题与全国文化当有密切关系。我素来头脑狡猾，胆子不大，不敢去思想这类东西。「为楚有材」四个字倒常在

黄永玉先生手札

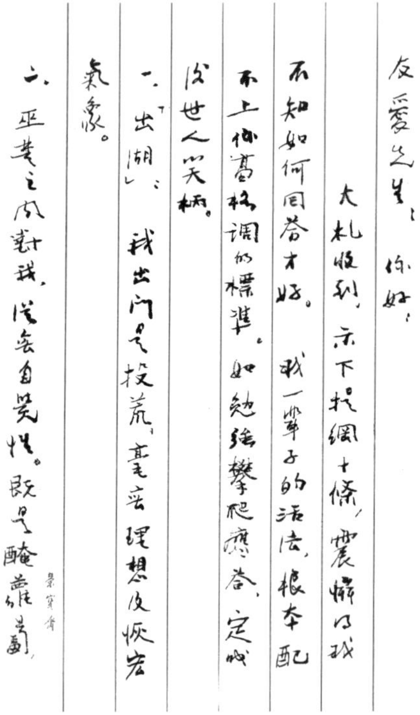
友爱先生：你好：
大札收到，示下提綱十條，震懾得我不知如何回答才好。我一輩子的活法，根本配不上你高格調的標準。如勉強攀爬應答，定成後世人笑柄。
一、"出湖"：我出門是投荒，毫無理想及恢宏氣象。
二、巫楚之風對我，從無自覺性。既是醃蘿蔔，

友爱先生：你好：

大札收到，示下提纲十条，震慑得我不知如何回答才好。我一辈子的活法，根本配不上你高格调的标准。如勉强攀爬应答，定成后世人笑柄。

一、『出湖』，我出门是投荒，毫无理想及恢宏气象。

二、巫楚之风对我，从无自觉性。既是醃萝卜，

染匠刘大炮

其实，认识聂胡子，就是刘大炮给我介绍的。早在上世纪九十年代初，我就认识了刘大炮，从此一到凤凰，我一定会去文星街二十号拜访他。刘大炮本名刘贡鑫，由于他性情耿直，说话不留情面，人家开始称他为刘大炮。

民间俗语云:“油坊香,染坊臭。”刘大炮就是一位在“臭染坊”呆了一辈子的染布匠。他最可贵之处是坚持采用以家织土布、植物靛蓝为材料染布，更注重传统图案的收集和整理。他没什么文化，但真正懂得如何才能保证传统蓝印花布的艺术品质。他曾经四处寻访老蓝印花布图样。有一次，他在凤凰乡下看到一处茶亭用一块蓝印花布床单遮阳，虽已破旧，但“凤凰戏牡丹”纹样清晰可见，他上前交涉试图买下来，主人不愿意，后来费尽口舌，从供销社买回一大块新布才交换过来。

在我主编的《乡土艺术大师丛书》里，刘大炮是我唯

染匠刘大炮

一收入的湖南大师。凤凰街头一度化学染料染制的蓝印花布充斥市场，刘大炮不为金钱和利益所诱，从始至终精心制作他的传统靛染花布，从不贱价售出，甚至不惜得罪远道而来不断砍价的港台来客，而对一些访问他的国内专家，他常常会慷慨相赠。

刘大炮还有一段与画家黄永玉合作“浆染画”的佳话。一九八〇年秋，黄永玉回到凤凰，到大炮的染布作坊参观，兴趣所至，在一块白布上用豆浆画出了一幅荷花，交大炮试染。大炮竟将这幅荷花染得出奇的好看。从此，黄老开始了与大炮艺术上的联袂合作。

通过多年来的合作，浆染画《凤凰城》《夏荷》《报春图》《秋兴》《猫头鹰》《后羿射日》《刺客列传》一批批问世，这些作品既有蓝印花布单纯质朴的特色，又有水墨画酣畅明快的韵味，很得黄老的珍爱。为了报答刘大炮，黄老多次赠画与他，并嘱咐他卖掉去建一个染坊。其中有一幅《老梅》，大炮怎么也舍不得卖掉。画上一株顶天立地、盘根错节的老梅树上方题了这样一段话：“梅花和姜一样，都是老的好。人只要有出息，不管干的是哪一行，一辈子兢兢业业，道德又还过得去，在本行上都会搞得出名堂来的，吾友刘大炮便是如此的人，大妙也乎哉。”可见，在黄永玉的心目中，刘大炮人品与艺德都蛮不错，干染布这一行也是大有作为的。

凤凰扎染三秀

凤凰山水灵秀，这里的女子集勤劳、聪慧、贤良于一身。县城的扎染行业至少有三位女艺人在手艺与名气上名列前茅，她们分别是向云芳、吴花花和张桂英。扎染与印染、蜡染，合称中国印染花布三大染，它是以针扎代替防染剂，扎染可出现大量冰花纹，富有自然浪漫的情调。

向云芳，一九四九年出生，苗族，曾上过初中，后来在上亭坳养路工班当了一名养路工。一九七七年开始随母亲滕元珍学习扎染。向云芳可谓心灵手巧，加之性情憨厚，有一股韧劲，很快学得一手娴熟的扎染手艺。她的扎染门帘《鲤鱼跳龙门》、扎染方巾《荷花图》颇受民艺界瞩目；她的扎染花布《狗脚花》在湖南民间传统工艺新作展上获得奖励；扎染作品《蝙蝠荷花》《四蝶双喜》和《四凤图》入选《湖南民间美术全集·印染花布卷》。

向云芳很重情义，一次她来长沙，我送给她一些印染花布资料，她一直心存感念。每次我到凤凰，只要她晓得，便会送上两瓶菌油，这菌油是寒菌加茶油精心炼制的，味道鲜美。如今，向云芳在沱江镇开了一间十分气派的店铺，丈夫与儿子打银饰，她坚持做扎染，请画家黄永玉题写“真银子”三字，生意兴隆，财源旺盛。目前她还兼任县商会会长一职，成为横跨民艺界和商界的名人。

吴花花本名吴景连，一九五五年出生，也是苗族人。

上个世纪九十年代才开始从事扎染工艺，算是凤凰印染花布行业的后起之秀。吴花花一出道，便展现出她的扎染才华，作品在省内外频频获奖，颇受新闻媒体关注。有一次某都市报上这样描写她“一不小心，一头碰上的竟是这花布一条街的‘大姐大’。守在自己蓝色的王国里，穿着自己扎染缝制的无袖衬衣，显得平和而满足，细言细语地为你推荐她的每一件作品，她的每一份至爱，耀眼的光圈之后还需要脚踏实地的经营与生活”。文章提到的“耀眼的光圈”指的是她的扎染作品《回归大自然》获得第二届世界华人艺术大赛国际荣誉金奖，指的是一九九七年九月中央电视台为她录制的《苗家扎花女——吴花花》的艺术专题片，也指的是一九九五年二月，她被联合国教科文组织、中国民间文艺家协会授予的“民间工艺美术家”称号。

的确，民间艺人的荣誉和奖牌当不了饭吃，脚踏实地的经营与生活才是吴花花安身立命的根本。目前，吴花花经营的小店因房租费猛增只能放弃，她和老实巴交的丈夫又回到了自己的家里，依然靠扎染换饭吃，过着平平淡淡、辛劳而又和美的生活。

张桂英我认识最晚，是我主动到她的店子里与她认识的。准确地说，是二〇〇三年六月的某一天，我走近她的柜台与她聊天，张桂英能说会道，一身的精明利索劲儿！她的年龄估计在向云芳与吴花花之间，汉族人。张桂英的扎染作品几乎是以创新图案为主，墙上整整齐齐挂满了不同尺寸的扎染花布，以人物、风情题材居多，在人物造型风格上可以看出，有一位造型能力较强的设计者在为她绘制图案，从而凸现出花布风格的统一性和整体感，作为一个扎染店，风格的独特与统一是很重要的。这使我想起曾在荷兰阿姆斯特丹看到一家专营T恤的商店，所有T恤图案全是一位画家的抽象油画，在经营T恤的同时，还展示了画家的油画原作，留给我的印象十分深刻。

在张桂英的店子里，还挂有少量贵州的民间扎染作品，同时还经营银饰、刺绣等工艺品。可见，张桂英是很懂得生意之道的。

后来我再去凤凰，都会去看看她，并尊敬地称她为张大姐。特别是二〇〇六年省民族民间工艺美术年会期间，张大姐等一批民间艺人带领我们一道畅游沱江，穿虹桥、逛商店、看景致、探风情，十分开心惬意。

腊尔山的剪花女

二〇〇六年春末，为编写《湖湘剪纸》一书，我再次翻山越岭来到海拔一千米的腊尔山，去凤凰县的禾库镇寻访早年名噪一时的剪花艺人龙洁花和吴香英。她们俩的作品都曾入选《湖南民间美术全集》。

龙洁花，苗族，一九二三年出生，凤凰县禾库镇人，擅长剪纸、刺绣，是凤凰县老一辈的剪纸艺人，曾是两届全国民间艺人代表大会代表。龙洁花的刺绣花样是以剪为主，以凿为辅，因此形成了禾库剪纸花样的独特风格。她善剪龙、凤、花鸟图案，她的手绘稿在民间艺人中尤显突出，成熟的运笔和准确的造型说明老人是一名描绘高手。她的剪花作品刀法凌厉，颇露锋芒，线纹流畅，落剪利索，其代表作有《花鸟寿桃》《凤凰牡丹》等。如今，龙洁花老人迁居凤凰县城女儿家，仍然织一些花带，聊补生活之用。

吴香英，苗族，一九五四年出生，凤凰禾库镇排云村人。她外婆石妹荷在禾库一带剪花刺绣很有名，人称“花娘子”，母亲也是当地剪花能手。她自小耳濡目染，爱上剪花。她剪下作品刀法利落，线条婉转而劲挺。与前辈艺人龙洁花一样，她的作品常常是白纸上手绘线稿，叠上四至五层白纸开剪，图案不着边框，花样剪完后，直接贴在布底上进行刺绣。吴香英的代表作品有服饰花样《仙人摘桃》《日月潭》《海晨花》等。吴香英曾一度创作精力旺盛，传承和创作的花样数以百计，一九八七年曾随湘西民间艺术代表团远渡东瀛作剪纸表演，一九九〇年获得湘西自治州民间传统工艺大赛剪纸一等奖。令人遗憾的是，当我找到吴香英时，她与龙洁花一样早已辍剪，为谋生计，她与丈夫龙纪富在禾库集市上摆摊销售服装。

值得庆幸的是，经人指点，在镇上发现了一位剪纸新人——幼儿教师程仁梅。她一九八九年八月出生于凤凰县禾库镇，初中时开始学习剪纸，是禾库剪纸的新一代传人。她的剪纸作品虽已脱开了传统剪纸的套路，呈现出现代剪纸的风格。但从她的代表作《喜鹊登梅》《教做人》看，依稀可见老一代禾库剪纸艺人风格的影子。程仁梅现在吉首市幼儿园担任幼教老师，所学手艺用于幼儿剪纸教学。可以想象，腊尔山传统剪纸技艺，通过剪纸传人程仁梅之手，在城镇幼儿艺术教育中绽放新枝，也必定会开出新花、结下硕果。

剪纸传人程仁梅

我认识的凤凰民间艺人还有许多，如凤凰县山江镇马鞍山村的吴花红、吴香英，山江镇黄茅坪村的石茂花、龙香梅，山江镇好友村的吴六爱，她们都是凤凰县著名的凿花能手。还有银饰艺人龙米谷和近年来被评为"中国工艺美术大师"的织锦传人叶水云，她（他）们都是我十分尊重和敬佩的人，她（他）们祖祖辈辈生活在凤凰这片土地上，以大胆和天真的创造性，编织着活泼、生动的"凤凰穿牡丹"的主题图案，装点着自己的生活，美化着一方山水。

（作者系湖南美术出版社编审，双峰人）

中华文化的湖湘面孔

——李学勤先生访谈录

黄友爱　采写

李学勤

《湘水》：中华文化主要是黄河、长江两河流域文化，在先生看来，作为长江文化之一脉的湖湘文化，有什么值得注意的特点和亮点吗？

李学勤：你刚刚提到一个有意思的命题：中华传统文化是两河文化。这是个新说法，事实上过去很长一段时间以来人们都说中华文化是从黄河流域起源的，比如咱们清华的校友何炳棣先生写过一本书《中华文明的摇篮》就持这个观点。认为长江也是中华文化的摇篮是近几十年的事，特别是改革开放以后。随着我们田野考古工作的大面积开展，大家逐渐意识到长江流域文化的重要性，打破了过去的成见。这是一个很大进步。当然中华文化不仅有黄河长江，还有其他地区，但黄河长江的重要性是毋庸置疑的。

而湖湘文化呢，是长江文化的一个分支，主要代表的是长江中游南部的文化。湖湘这个概念，至少从宋代以后就很突出。至于它的特点，接下来我会谈到。

《湘水》：先生是研究上古史的大家，请先生谈谈先秦时期湖南一带的地域文化有何特色？能否说最早的湖湘文化实际上就是湖南的少数民族文化？

李学勤：湖湘地区我们就聚焦在今天湖南省这一区域。事实上这个地方的历史很早就有了，我们学古文都念过贾谊的文章，贾谊担任过长沙王太傅，现在长沙还有贾谊的纪念馆。湖南事实上很早就有很重要的地位，特别它是楚国的中心地区。虽然楚国的国都很长时间都在今天的湖北，后来迁到了今天的安徽，但楚国的文明很早就辐射到了湖南。实际上根据我们现在考古学和古文字学的研究，至少商朝时文明就已经进入湖南地区了，到了西周建立的时候，湖南已经是王朝的组成部分了。《左传》中有“巴、濮、楚、邓，吾南土也”，说明这个疆域已经很久远了。当时湖南一带的居民，自然有很多是古代的少数民族。

《湘水》：近年在湖南出土了大量简帛文书，包括里耶秦简、走马楼吴简等，请先生谈谈这些资料对于研究中国历史和湖南地域文化方面的意义。

李学勤：这个涉及我们的专业，简帛学。我们知道世界上这些古代文明的书写材料是不一样的，比如埃及用的纸莎草、亚述用的泥版，都没有我们用的这个竹木简和帛书易得和方便。而我们出土的战国简帛，最早发现就是在湖南。一九四二年在长沙的子弹库，在一个小墓里出土了楚国的帛书，遗憾的是由于战乱，这件帛书现在被收藏在美国。你刚才讲到了里耶秦简，但年代更早的战国简最早也是在长沙发现的。一九五〇年开始连续发现了三批战国简，最早一批是在长沙的五里牌。刚刚你提到的一些近年的发现，也是非常丰富非常了不起的。湖南地区是出土古代简帛非常丰富的地区，上至战国，下至秦到两汉。出土的这些简帛对于历史研究的意义太大了！今天我们看到的古书都是后人传刻的版本，像《诗经》《尚书》这些书都很早了，但我们今天看到的都是用现在的文字写成的，不是古代的原貌。经过两千多年的传抄，里面必然有些和原貌不一样的地方，这是不可避免的；而现在发现的这些简帛，是原物，有的是古书，有的是古代文书。我们研究一篇简的书籍这次就出版了十大本，所以说这个出土简帛的学术价值是很大的。

《湘水》：关于马王堆帛书的研究，前不久中华书局刚出版了一套研究集成，请先生谈谈对这套书及相关研究成果的看法。

李学勤：马王堆是一九七三年发现的一组汉文帝时期的墓葬，其中三号墓出土的帛书是我们现在能看到的帛书中最大的一批，也是最好的一批。实际上随葬的帛书是很难发现的，因为丝织品是很难保存下来的。马王堆的帛书被发现后可以说受到国内外学术界的高度重视，就要做长期的整理工作。但由于当时的种种原因，人事方面的原因，技术方面的原因，没能全部出版，计划出六卷书，当时只出了三卷。这次由复旦大学裘锡圭教授主持整理，将马王堆帛书全部出版，这是学术界的一件大事。

《湘水》：湖南境内有南岳衡山。南岳作为一种文化符号，在古代文化尤其上古时期具有重要意义。但是开始南岳并不在湖南衡山，而在安徽霍山，请问从霍山到衡山，这一转变对于湖南的地域文化有何意义？

李学勤：这是学术界的一种说法，我个人对这种说法是存疑的。中国历史上有一件很重要的东西叫岣嵝碑，也称禹碑。一开始因为大家不认识，就都认为是大禹治水刻的碑，原先就在衡山上。后来岣嵝碑原碑找不到了，但还有一些传刻的本子，比如四川一些地方。近年来研究这个可能和少数民族的古文字有关，从这个我们可以看出来在古代的时候南岳衡山就有它特别的历史文化意义。至于这个岣嵝碑，我认为它很可能和巴蜀文字有关系，因为二者的结构很像。所谓巴蜀文字，是指在今天川渝地区出土的一些古代文字，时间从战国一直到西汉。这种文字至今没能被解读，我们不认识，但它又有两个系统：其一与汉字比较接近，另一种则可以确定包含拼音因素。与汉字接近的这个系统的巴蜀文字和岣嵝碑的写法和笔势都很像。当然这只是一个猜测，因为岣嵝碑的真本已佚。

《湘水》：禹碑是内容涉及湖南的最早的古代石刻文献吗？

李学勤：刚才我说了这只是一种猜测，不宜作过多的推论。

《湘水》：先生多次来过岳麓书院，前年还在岳麓书院获"首届全球华人国学大典国学终身成就奖"。先生怎么看待岳麓书院在中国文化史上的地位，以及其在湘学研究和传播中的历史地位？

李学勤：岳麓书院是古代的四大书院之一，实际上作为学府从建立书院就一直传承下来的只有岳麓书院，其他的书院历史都中断了。今天的湖南大学就是在岳麓书院的传统上建立起来的。岳麓书院到今天已经有一千余年的历史了。它的文化史可以写一本专著来讲，但主要就是两段，南宋和近代。南宋的张栻和朱熹有过"朱张会讲"，这个事情给我们一个很重要的认识。大家讲宋代理学就是程朱，这当然没有问题。但实际上宋代理学的建设者还有很多，张栻（张南轩）当然算一个，还有更早的一个湖南人周敦颐。张栻的学风和朱熹很相近，但也有不同，这也是他们会讲的意义所在。可以说这个时代的岳麓书院开辟了后世的学术传统，而张南轩在其中的地位我们讲得还不够。我常常说理学史上的湖湘学派和浙东学派讲得还不够。理学就如梁启超所说，是一个思潮，是一群人而非只有程朱。另外一段近代的湘学，我觉得值得特别注意的是它和清朝的理学和汉学都区别开了。清朝的汉学就是乾嘉，这到清中叶嘉道时期就显现出一个不足——它是纯学术的，和国计民生没有关系。那么对它的批评就产生了，只从理学角度批评是不起作用的，但从另外一个解决实际问题的角度对它进行批评，湖南学术界就起了很大作用。且不说后来的康梁，我提到一个人王闿运（王湘绮）就很重要。王湘绮很大一个作用就是把学风从湖南带到四川，如开办存古学堂。我常常说晚清的传统学问异军突起的一个是湘学，一个是蜀学，而蜀学又受到湘学的影响。王湘绮有个儿子叫王代丰，有一本书叫《春秋例表》，这是公羊学的正宗。实际上这本书是王湘绮写的，因为书中有些提倡变法，恰逢六君子失败，他就借儿子的名义出版。

《湘水》：先生曾师从湘籍哲学家金岳霖先生，请先生谈谈关于金先生为人和为学方面的印象。

李学勤：我其实就是高中时读到了金岳霖先生的一本书《逻辑》，其中第四章介绍数理逻辑的部分我很感兴趣，我的自述中也有提到。我从小喜欢符号，一看这个就特别喜欢，因此才报考了清华，成了五一级的学生。金先生的学术成就相信不用我说，他是最早把现代逻辑系统介绍到中国来的，他的学生后来也都有很大成就。至于上课，现在的同学们很难想象我们当时上课是什么样。我们当时一个班没有几个学生，我那一级哲学系有八个学生已经很了不起。怎么会有八个学生，太多了！所以我们当时听课都是到金先生家里去，就像我们今天这样，几个人坐在这里，也有很多跟老师的交流，和听大课完全不一样。

《湘水》：先生曾获“首届汉语人文学术写作终身成就奖”，请问先生在人文学术的研究与写作（比如写作《走出疑古时代》）方面有哪些心得可分享？

李学勤：我的写作说不上好，也没有什么心得，但近几年凡是有这样的机会，我都很愿意说这样几句话。学术文章要让人看得懂，要简短精练。现在一个很大的问题就是文章越写越长。我们讲国学，事实上中国传统学问很重视的一点是写短文章，像《梦溪笔谈》《日知录》，哪一则都不过几百字最多千字。这要让今天的人写，就得写成一本大厚书了！哪有工夫看那么多材料，专业的东西根本看不了。这种做法对学术起到很严重的阻碍作用。学术文章应当是简明易懂的，引用必要的材料，而不是引用长篇大论。不然全都引用全文，一篇篇堆积下去，最后谁也看不了这样的文章。能把深邃难懂的东西写得简明易懂，才是本事。金岳霖先生在清华的学生沈有鼎先生，在抗战时期发表过一篇论文讲《周易》的结构，连标点才二百多字，讲得很清楚。

《湘水》：我访问李泽厚先生时，他讲过类似的观点，他说写书不在长，也不在厚，而在于水平高。他举例汤用彤先生的《魏晋玄学论稿》，每一篇字数不多，却把问题说得很清楚。

《湘水》：请先生谈谈对湖南地域文化，或者说湖湘文化研究的意见，有哪些需要注意的问题？

李学勤：湖南还有很多文献需要整理出版。像安徽的黄山书社，这几年整理出版了很多古籍，虽然装帧不见得考究，但整理工作是到位的。湖南今天的条件应该好得多，还有很多工作可以做。像我刚刚提到的王闿运，就可以整理出一部全集，因为他在近代史上的地位还是很重要的。对于研究湖湘文化，岳麓书院和岳麓书社做了不少工作，我认为还要接着做下去。对于张南轩以下的学人还有很多可以探讨的地方，现在还讲得不够。

《湘水》：最近，考古人员在湖南道县境内的福岩洞发掘了四十七枚具有完全现代人特征的人类牙齿化石，您怎么看待这次发掘的意义？

李学勤：这个对于考古学是很重要的一个贡献。当然这不是狭义的考古学，是古人类学。关于人类起源的问题，现在世界上还是有争论的。究竟人类是不是都是从非洲走出来的，如果是的话，这发生在什么时候？这就是“夏娃学说”究竟站不站得住脚的问题，这都还是可以讨论的。这就是我们的发现为什么重要。湖南的道县是个历史悠久的地方，以前还发现了距今近一万年的稻种。

相关链接

李学勤，一九三三年生于北京。著名历史学家、古文字学家。曾任中国社会科学院历史研究所所长，中国社会科学院第一、二届学术委员会委员，第九届全国政协委员。现任清华大学出土文献研究与保护中心主任、国际汉学研究所所长、历史系资深教授，中国社会科学院古代文明研究中心主任、历史所兼任研究员，“夏商周断代工程”首席科学家、专家组组长，中国先秦史学会名誉理事长，楚文化研究会理事长，国家文物鉴定委员会委员，中央文史研究馆馆员，并任国内外多所高校的客座教授或兼职教授。美国东方学会荣誉会员，国际欧亚科学院院士。致力于中国先秦历史文化和古文字学的研究，注重将文献与考古学、古文字学成果相结合，在甲骨学、青铜器、玉器、简帛、古文字学、考古学、文献学、历史学、学术史、年代学等诸多领域取得显著成就。

外交舞台上的湖湘人物

袁南生

一

湖南是中国最出人才的省份之一，也是外交人物辈出的地方。“一部中国近代史，半部由湘人写就。”我们也可以说，中国近代以来的外交史，也是“半部由湘人写就”。近代以来第一个外交思想家魏源，中国第一任驻外公使郭嵩焘，洋务运动的发起者和洋务外交第一人曾国藩，通过谈判争回主权的“虎口索食第一人”曾纪泽，中国第一任外交部长胡瑛，中国第一任常驻联合国代表和第一个近代外交史学家蒋廷黻，拯救犹太人最多的外交家何凤山，叩开世界贸易组织大门的经济外交家龙永图，特别是新中国外交的奠基人毛泽东，都来自于湖南。说是湖南外交人物，并非仅指出生在湖南的外交家，也包括出生地虽不是湖南，但在湖南生活或工作过的著名外交人物，如担任过湖南巡抚的吴大澂（曾与沙俄进行边界谈判并取得成功）、邵友濂（曾署理驻俄罗斯外交大臣，协助曾纪泽进行索回伊犁的谈判），担任过湖南按察使的黄遵宪（曾任驻日本使馆参赞、驻旧金山总领事和驻新加坡总领事）。三湘四水这一块神奇的热土孕育出了一批有胆有识、有勇有谋、有文有武、有棱有角的外交人物，湖南外交家群体是一个色彩斑斓、各具特色、才华横溢、彪炳千秋的群体。

二

湖南外交人物当中不乏政治家。政治家、外交家一身而二任是不少湖南外交人物的特色。例如毛泽东是中华人民共和国的主要缔造者。曾国藩的政治奋斗则使内忧外患、风雨飘摇的清王朝得以延续生命，甚至出现所谓“同治中兴”的局面。左宗棠、刘坤一等无论在政治生涯还是外交生涯当中都写下可圈可点的一页。许多湘籍外交人物在外交舞台上能纵横捭阖，进退自如，同他们是政治家，善于从政治的高度看待外交问题，有很大关系。政治家的外交自然而然显得大气。

湖南外交人物当中不乏军事家。能文能武的人才本来不多，既是外交家，又是军事家的人更少。但是，新中国开国时十一位将军大使中，来自于湖南的最多，有四位。

毛泽东、曾国藩、左宗棠、刘坤一、袁仲贤、耿飚等都是著名的军事家和外交家。耿飚是著名的华北野战军杨（得志）罗（瑞卿）耿兵团的领导人，他既是新中国历史上第一批大使之一，担任过驻六个国家的大使，又曾担任过外交部副部长、中国共产党主管政党外交的中共中央对外联络部的部长，还担任过中央军委秘书长兼国防部部长，担任全国人大常委会副委员长期间，还兼任人大常委会外事委员会主任委员，融外交家、军事家于一身。毛泽东、曾国藩和左宗棠更是中国千年军事史上响当当的人物。军事家所必须具有的大气、果断等风格融入到外交之中，自然使外交显得大勇。

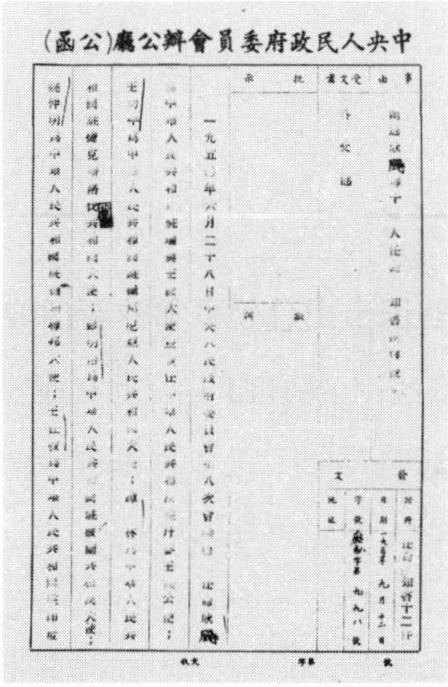
中央人民政府委員會辦公廳(公函)

中央人民政府办公厅关于耿飚等出任大使的公函

湖南外交人物当中不乏学问家。没有学问的外交官只是工具型的官员，外交家以学问为基础，学问家如能以外交为平台，则无疑有助于外交有张有弛，张弛有度；有重有轻，轻重有序；有声有色，声色有别；有虚有实，虚实有据。毛泽东、魏源、曾国藩、蒋廷黻等都是大学问家、大思想家。特别是蒋廷黻，既是外交家，又是外交思想家，更是以治外交史为专业，在外交史学术领域成就开山之业的外交史学家。他的著述对中国史学界产生了相当大的影响，被誉为“中国史学界的一个革命者”。一九四八年中央研究院评选院士时，历史学家傅斯年称他为“近代史尚无第二人”，实在是为知人论世之言。毫无疑问，学者型的外交家有助于使外交显示出大智。

湖南外交人物当中不乏文学家和艺术家。毛泽东的诗词书法在当代革命家当中是一绝，至今恐怕无人出其右者。魏源、郭嵩焘、曾纪泽、宋教仁的古典诗词，曾国藩、左宗棠、黄兴的诗词和对联，不仅在当时，而且直到当代仍然是难以超越的精品。腹有诗书气自华，具有文学和艺术天赋的外交人物无疑有助于使外交显示出大雅。

湖南外交人物当中还不乏道德家。何凤山就是其中最

魏源

曾国藩

郭嵩焘

杰出的代表。何顶住各种压力，给大批犹太人发放签证，从纳粹手里拯救了数千名犹太人的生命。这一义勇之举比德国商人辛德勒在二战期间拯救一百一十名犹太人的义行更值得称道。当众多国家的外交官慑于纳粹德国的压力拒绝向绝望中的犹太人发放签证时，何凤山以惊人的勇气，冒着极大的风险，置个人利益、甚至生命安全而不顾，在纳粹的眼皮底下毅然伸出援手，其义举使得他在道义上站到了外交的制高点上。注重道德因素的外交家能使外交显示出大德。

三

晚清以来是迫切需要外交人才且外交人才辈出的时代，近代湖湘文化的成熟为湖南外交人才的产生提供了文化基础、思想基础和精神基础。湖湘文化是湖南特有的地域文化，因其与湖湘学派的渊源关系而得名。湖湘文化的三个关键词与湖南外交人才的群体崛起有内在的联系。

湖湘文化的第一个关键词是爱国，爱国是湖南外交人才共同的思想和品格特征。湖南外交家群体崛起的过程始终离不开湖湘文化中的爱国思想的影响。外交舞台上的湖湘人物，无论是晚清到民国期间的魏源、曾国藩、左宗棠、郭嵩焘、刘坤一、曾纪泽、黄兴、宋教仁、胡瑛、蒋廷黻、何凤山，还是新中国成立以来的毛泽东、胡耀邦、袁仲贤、耿飚、刘晓、龙永图等，其深厚的爱国情怀和责任感，都一以贯之。湖南外交人物和湖南政治人物、军事人物、文化人物等一样，其所作所为，都强烈地体现了湖湘文化中的爱国主脉。湖南外交人物的群体崛起离不开湖湘文化中的爱国思想的熏陶和培育，湖南外交人物的实践反过来也极大地深化了湖湘文化中爱国思想的内涵。湖南外交人物的爱国，特别明显地体现在对国家前途和命运的忧患意识以及由此产生的强烈的民族责任感和深重的历史使命感。鸦片战争以后，面对外国列强的侵略和民族危机，湖南外交人物群体萌发了强烈的挽救民族危亡、抵御外国侵略的责任感和使命感，写下了一篇篇爱国拒侮的动人篇章。魏源对鸦片战争的失败十分悲愤，认为面对这种奇耻大辱，"凡有血气者所宜愤悱，凡有耳目心悱者所宜讲划"。他通过编撰《海国图志》等著作，第一次系统地提出了近代意义上"悉夷"、"师夷"、"款夷"、"攻夷"和"制夷"的外交思想，为使中国数千年来传统的朝贡外交向近代外交转型并与世界近代外交接轨打下了理论基础，他由此成为我国近代外交思想的先驱。曾国藩兴办洋务体现了富国强兵、抵御外侮的爱国主义思想。左宗棠不但主张兴办洋务，而且在西北疆土遭沙俄蚕食瓜分的紧急关头，毅然抬棺出关，率军西征，收复新疆，为祖国统一建立了不朽的功绩。郭嵩焘作为中国近代史上第一个走出国门实地考察和学习西

一九五〇年九月十八日
印度政府为袁仲贤大使（中）递交国书举行隆重仪式

方的外交家和思想家，其学习和考察西方的政治、经济、军事、外交、文化、教育、科学、技术有着明确的目的，那就是学习西方的长处，改革中国的弊端，达到富国强国的目的。中日甲午战争期间，刘坤一亲率湘军出关在辽东抵抗日军，并坚决反对割让辽东半岛和台湾；外交家曾纪泽毅然赴俄改订崇厚与俄国签订的卖国条约，“探虎口而索已投之食”，被誉为清季外交史上“罕见的一人”；日本向袁世凯政府提出灭亡中国的《二十一条》，中日围绕《二十一条》进行交涉后，黄兴将国家利益置于党派利益之上，由“倒袁救国”转向“联袁抗日救国”，在《二十一条》交涉结束，袁世凯暴露出帝制自为的野心后，又转为“倒袁救国”。所有这些无疑都是受到爱国精神的驱使。

湖湘文化的第二个关键词是务实，务实是湖南外交人才共同的作风基础。湖南外交人物群体的这种务实精神，追根溯源，来自近代湖湘文化经世致用的学术传统。经世之学不仅是连接古代湖湘文化与近代湖湘文化的桥梁，而且积淀为一种士人学者的学术心理、学术传统和学术政治取向的标准，凝聚为一种经世务实的文化精神，成为近代湖湘文化价值取向和近代湖湘人才政治价值选择的决定因素。近代湖湘文化经世致用的传统，使近代湖湘人士有一种对国家和民族的责任感和使命感。正是这种责任感和使命感，促使他们摆脱空谈义理，只重修身养性的治学道路，而强调对现实政治的参与。湖南外交人物群体体现了近代湖湘文化中勤勉朴实、勇于任事、苦干实干的传统。外交舞台上的湖湘人物，不管政治上是进步的还是守旧的，都以实干的精神著称。魏源、曾国藩等人既一生勤于笔耕，著述宏富，是著名的学问家，又是政治参与意识十分强烈的实干家。尤其是曾国藩，在朝政纷繁、戎马倥偬的政治生涯中不忘治学修身，一生的著述、奏稿、家书多达一千余万字。魏源发出“乌有不行而能知者乎”的诘问，主张力行致知。曾国藩主张“知一句便行一句，此力行之事也”。左宗棠提倡“纵读数千卷奇书，无实行不为识字”。

毛泽东倡导“理论联系实际”的学风，更是这种知行统一的务实精神的体现。最体现湖湘文化中务实精神的湘籍外交家恐怕是龙永图。从一九九二年开始，龙永图参加过多少次中国复关和入世的谈判，恐怕连他自己都数不过来。一九九五年一月至二〇〇一年九月期间，他作为首席谈判代表，在第一线领导并最终成功结束了长达十五年的中国加入世贸组织的谈判。没有务实的精神，成功地完成这样的谈判是不可能的。

湖湘文化的第三个关键词是求变，求变是湖南外交人才共同的价值取向。湖南外交人才的求变，体现在具有敢为天下先的胆识和魄力，体现在敢于创新。晚清以来的中国时代是一个多变的时代，是一个外交不断转型的时代。晚清以来，先是民国政府取代清政府，然后南京政府取代北洋政府，最后中华人民共和国政府取代南京政府，由此导致近代外交取代朝贡外交，民国外交取代晚清外交，新中国外交取代民国外交，湖南外交家群体在这个变革过程中发挥了不可替代的作用。没有魏源、曾国藩、左宗棠、郭嵩焘、曾纪泽、刘坤一等晚清外交思想家、战略家和实践家，中国外交就不可能实现近代化。没有毛泽东、胡耀邦、耿飚、龙永图等现代外交思想家、战略家和实践家，中国外交就不可能实现现代化。

（作者系外交学院党委书记、常务副院长、教授，益阳人）

生命中的美学之维

邓晓芒

邓晓芒

一个本来就热爱文学艺术的人，学了哲学以后，就对美学发生了兴趣，这件事一点都不奇怪。我从小喜欢写写画画，小学和初中的时候，一直负责班上的墙报，参加学校的图画小组。后来十六岁下乡当知青，在大批知青集中下放的江永县，时不时总有机会读到当时被视为禁书的中外经典小说，那些书经过上千人的手的翻阅和传递，早已破烂不堪，有的只剩下大半本，但在我们那如饥似渴的眼中，却是那么的光彩照人，富有神奇的魔力。那时随便你走到哪个知青组，总能遇到几个文学爱好者和痴迷者，现在叫作“文青”（文艺青年），我也属于其中的一员。口才好的“文青”身边常常聚集着一批热心的“粉丝”，一到晚上就围拢来，听他讲那些读过的小说故事，有时大家还在一起评论其中的人物。当然，这些评论都是很幼稚的，多半只是谈自己的好恶，说不出什么道理。我是从一九六九年开始接触哲学和理论书籍的，主要是马列主义著作。记得那年夏天随着大群“扮禾佬”到洞庭湖区扮禾挣钱，随身带了一套《马克思恩格斯文选》(两卷集)，与我下放在洞庭湖的老兄讨论些哲学问题，还在一起画速写。老兄长我五岁，小时候速写画得特棒，十五岁时考上了武汉的中南美专（现在的湖北美术学院）附中，后因家庭的“右派”问题受牵连，被劝退了。他不仅激发过我对美术的兴趣，还最早让我体会到哲学的魔力。我读初中时，他和我讲过恩格斯的《自然辩证法》，讲运动的矛盾性，讲得眉飞色舞，算是我的哲学启蒙吧。但真正进入哲学，还是从我那年自己决定系统学习哲学理论的时候开始的。

一九七四年我从农村回到长沙，接触的“文青”更广，小说的来源也更多了。由于家住湖南师范学院，我还与师院美术系的工农兵学员混在一起，冒充他们中的一员去画头像素描和油画写生，并结识了一位青海来的学国画的山东汉子老曲，让他把我住的四平米的杂物间当作他画画的基地，临别时，他特意为我画了一幅国画肖像，以作纪念。一九七七年以后，省图书馆的很多禁书都开放了，我凭市水电安装公司的工作证办理了一个借书证，也正是在那个时候，我开始对美学发生了兴趣。当时我想，看了这么多哲学书，似乎对世界上的任何事情都有了自己的一套看法，但唯独对于自己所热爱的文学艺术还没有深思过，对于“什么是美？”这个问题还没有考虑过。我为什么会对那些一厚本一厚本的符号文字趋之若鹜？为什么会受那些线条色彩的吸引，欲罢不能？在寂静山村的夜晚，为什么会对几个知青朋友的二重唱感动得落泪？我能否运用我所学过的哲学，对这些现象作一番合理的解释？一般的人都是通过学习美学著作或美学教科书而对美学问题产生兴趣的，我却是先对美学问题有了好奇心，甚至想出了自己的一套观点，才去找一些美学书来看的。由于美学书在当时还属于“封资修”的“重灾区”，一时还没有来得及开放，我到处都找不到与美学有关的理论书，于是只好自己先来尝试一下，建构一个自己的理论体系。大约在一九七七年，我通过独自冥思苦想，凭借着自己多年来对文学和艺术的体验，居然构想出了一个三万余字的“美学论纲”。

我的大体的思路是这样的：什么是美？美是一种情感，但不是一般的情感，而是“对情感的情感”；为什么会产生“对情感的情感”呢？那是因为我把自己的情感寄托在一个对象上，再从这个对象上看到了自己的情感；而这样一种情感就是情感的“共鸣”，也就是所谓的“美感”；所以美就是美感，一个是从客观对象上说的，一个是从主观上说的，但本质上都是一种主观的情感现象；从客观上看的一方就产生出现实主义或自然主义的审美观，从主观上看的一方就产生出浪漫主义或表现主义的审美观，由此也就生发出文学艺术领域中的各种风格和流派；而这两大主要流派其实是统一的，骨子里是对同一个审美现象的不同表达，相互都包含有对方的因素，如此等等，听起来还是蛮言之成理的。私下里我把我的提纲给几个“文青”朋友看过，他们都大加赞赏。但有次借给一位从事文艺理论的前辈看，他看了以后大惊，说这都是以前上面批得最厉害的主观唯心主义美学观点，告诫我千万不能泄露出去，免得像他一样被打成“右派”。我听了一笑置之，我不过是一个水电安装公司的搬运工，也没有打算发表，谁能奈我何？

到了一九七八年，图书馆的美学书也开始对外出借了，我迫不及待地借来了国内相关的美学书籍，首先就是五十年代至六十年代《新建设》杂志社出的六大卷《美学问题讨论集》，在那场空前绝后的美学大讨论中，国内著名美学家的观点都在这里头了。我通读了六卷论文集，从头至尾都作了详细的笔记，心中隐含着一种期待，看是不是有美学家的观点和我的观点相同。但等我将六大卷文集全部看完，我彻底失望了，竟然没有一个美学家和我的观点相同。唯独“主观派”的吕荧和高尔泰，在“美是主观的”、“美就是美感”的提法上和我相似，但意思却完全不一样，他们要么就是没有讲出什么道理,要么讲的道理根本就不靠谱。至于“客观派”，我甚至怀疑这些人是不是真的有审美感受，如果有的话，那是和他们的理论完全不搭界的。我比较有好感的是朱光潜的“主客统一”的观点，可以看出，他是真有艺术感受的，也尽力想为自己的艺术感受在理论上找到合适的表达，但可惜的是，这种表达也基本上是失败的。在这之后，我还读到了这些美学家那些年发表的一些文章，以及后来出版的专著，大体上没有超出我当年对他们的评价。我在这一年还给当时已声名鹊起、在中国社会科学院哲学所工作的李泽厚先生寄过一篇两万多字的文章，全面批评他的三万字的《美学三题议》，并附了一封信。李先生给我这个搬运工的回信虽然简短，但非常大度，他鼓励我多看一些美学方面的书。但问题是，当时能够借到的书仍然有限，尤其是国外的美学书很难看到，我只借到过一本苏联人编的《马克思主义美学原理》，再就是法共理论家列斐伏尔的一本小册子，比国内的还不如，几乎无法卒读。

到了一九七九年，我考取了武汉大学哲学系西方哲学史的研究生，并正逢国内的“美学热”开始起步，大量国外的美学书籍被翻译引进来了，我才发现，不仅国内美学界没有和我相同的美学观点，就是国外也很少有。和我的观点相合拍的只有三个人，一个是康德的美学观点，一个是马克思早期手稿的观点，再就是费尔巴哈了。但费尔巴哈只有感受而缺乏理论，或者说，他还没有将自己的审美感受建立为一个理论体系；康德的美学观点则受到他的体系的限制，需要动大手术才能把他的观点中有价值的东西揭示出来，所以我的硕士论文做的就是康德的《判断力批判》。而使我受益最大的还是马克思的早期手稿，尤其是其中有关“人的本质力量的对象化”和“对象的人化”的人本主义哲学观点，它使我的美学思想找到了最为恰当的哲学表达。一本《1844 年经济 — 哲学手稿》，我反复阅读了不知道多少遍，作满了密密麻麻的眉批，关键词上都注明了德文，虽然包了书皮，仍然每一页都翻烂了。这时我感到，我早年的“美学论纲”其实可以更为哲学化地表达为一个世界观和人生观体系，与人性、人的历史、人的自由、人的实践和劳动这些根本问题都有密切的关系，而不限于只是一种审美感受的心理描述。但这种哲学表达无疑也应该而且完全可以和我的直接的审美心理体验相通。

一九八四年，在武汉晴川饭店召开全国美学学会第一次学术讨论会，我和中文系的易中天合作了一篇一万八千字的长文《中西美学思想的嬗变和美学方法论的革命》作为会议论文提交，当时参会的人民出版社编辑方鸣先生从中看到了一个美学体系的轮廓，便建议我们把它扩展成一本专著出版。该书于一九八七年春完成，写得激情洋溢，带有那个时代的文风，这就是《走出美学的迷惘》一书。可是，当我和易中天一起满怀希望地去邮局把书稿寄出之后，却迟迟没有得到回音。后来才知道，方鸣已经出国，书稿交给他的一个朋友处理，也不知道这个朋友把书稿弄到哪里去了。最后几经周折，才打听到书稿现在花山文艺出版社，由于出版经费困难，一直未能出出来。到了一九八九年，我从一位铁杆知青朋友那里借到了一万元，寄给出版社作为周转经费，书才总算出来了，由作者自己买一千册，抵周转经费，封底上标的印数却只有五百册，简直是对作者的羞辱。拿到书后，我只好发动我的亲戚朋友帮忙卖书，到图书馆推销，在美学讲座上销售，在课堂上做教材，但由于“美学热”已经彻底降温，效果都不大。我曾和易中天说，这本书的出版被方鸣耽误了两年，使得中国美学的发展推延了二十年。因为如果这本书在一九八七年或一九八八年美学热的高峰期出来，印个十几二十万册是没有一点问题的（当时这个印数很正常），书中一些观点就会成为绕不过去的常识了。十年后，人民文学出版社王培元先生向我约一部书稿，我推荐了这一本，我说这本书等于还没有出过。王先生看后欣然答应，纳入了他主编的“猫头鹰文库”，于一九九九年再版，更名《黄与蓝的交响——中西美学比较论》。该书二〇〇七年由武汉大学出版社再次出版，现在又快有十年了，好像仍然没有过时，甚至还先锋得很。可见这二十多年，中国美学在理论上的确进展很小。

这本书第五章的副标题原为“实践论美学大纲”，实际上就是我的美学体系的一个哲学表达。但在第三次由武汉大学出版社出版时，我把它改成了“新实践论美学大纲”。之所以要加上一个“新”字，是因为我发现，人们一看到“实践论”三个字，就本能地把它和以前李泽厚他们的实践论美学挂起钩来，书也不看，就判定它是老调重弹。新世纪伊始，美学界在经历了十多年的非理论化之后，终于有一批人，特别是年轻学者，开始想要在美学上另辟蹊径，突破过去美学界占统治地位的“实践论美学”的陈旧框框，吸收现代存在主义、直觉主义和生命哲学这样一些最新思想要素，鼓捣出新一代的中国美学理论来。想法是不错的，只是可惜，他们太性急了，没有耐心认真清理过去中国美学界已有的成果，只想用快刀斩乱麻的方式和以往学者们的思想积累一刀两断，一了百了。二〇〇二年，在杨春时先生和我以及易中天的论战中，我们率先打出了“新实践美学”的旗号，就是为了与以往的“旧实践美学”进行一番命名上的切割。自那以来，我们的观点才逐渐得到了美学界的关注，并随后又出现了好几种以“新实践美学”或“新实践论美学”命名的美学体系，其理论基础比那些标新立异的激进的美学流派无疑要扎实得多。这是有利于中国当代美学向深层次发展，也有助于中国美学取得理论上的实质性进展的。

多年来，我一直都在对我的已成系统的美学观点进行进一步的细致打磨和深化。但时至今日，我还没有一部完整地体现我的全部美学观点及其各方面分支的著作。《黄与蓝的交响》虽然含有我的美学体系的整体构架，但还包含有其他一些内容（如中西美学史等），而且是两人合作的作品；《实践唯物论新解》虽然也有很大一部分有关美学的内容，但也不是纯美学著作，而只是借美学来为马克思主义哲学提供一个新视野。所以，我近年来有一个心愿，想把表达我的各方面美学论点的文章单独编成一本书，作为我的美学思想的代表作，这就是即将出版的《新实践论美学探本》一书。

（作者系华中科技大学哲学系教授，长沙人）

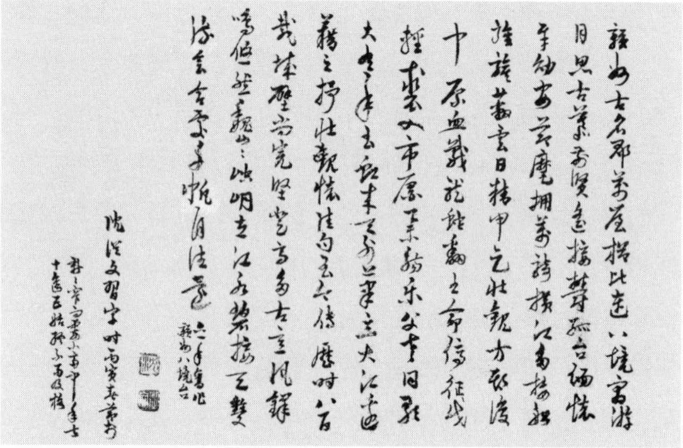

（因篇幅所限图片只存字迹）

于是只好谈谈社会上对陈的一般评价：湘西王，土匪头。

『甚么土匪头！土匪头会给家乡买《四部丛刊》吗？』

『是啊，您在《从文自传》中就写过他，写过他买《四部丛刊》，说他天天读书，要取书，要抄书，都找您。』

『对，我是文书，他的文书嘛。』先生笑了，接着叹息道：『无论如何，陈渠珍总是个有文化的人。有文化才会看重文化，讲求文明。没有他，我当时也读不到那么多的书。』

八境台诗中『缅怀辛幼安』，辛也是文武全才，曾『节麾拥万骑』，又『佳句至今传』，本来『方期复中原』，却只能以『郁孤台下清江水，中间多少行人泪』抒怀发愤。可是，陈渠珍连这样的荣哀都没有，难怪沈先生为之叹息。

八境台诗一九八〇年曾刊美国《海内外》，一九八一年曾刊香港《广角镜》，字句略有不同，似应以后来改定者为准。跋语自谦『始终不易及格』，赠我时确曾说过，『用圆珠笔三角板画朱丝栏，总是画不好』。但沈先生生于一九〇三年，到一九八六年已是八十四岁，『年七十进五』『七十进五』应是『八十进五』的笔误。（二〇一五年十一月一日）

念楼壁上之三

沈从文书八境台旧作

钟叔河

赣州古名郡　万屋栉比连　八境寓游目　思古慕前贤　遥接郁孤台　缅怀辛幼安
节麾拥万骑　横江多楼船　旌旗蔽云日　精甲足壮观　方期复中原　血战龙蛇翻
王命停征伐　轻裘入市廛　飞觞乐父老　同歌大有年　玉虹来天外　笔立大江边
借之抒壮怀　佳句至今传　历时八百载　城壁尚完坚　登高多古意　风铎鸣悠然
巍巍崆峒立　江水碧接天　双流会合处　千帆自往还（六一年旧作赣州八境台）

沈从文习字时丙寅春节前新之窄而霉小斋中年七十进五始终不易及格

赣州于汉初设治，可称古都。章贡二水在此汇成赣江，八境台建于『双流会合处』，登台可眺望郁孤台、玉虹塔、崆峒山等八处风景。诗作于一九六一年，写于一九八六年二月，后来才赠予我。

去『新之窄而霉小斋』，本只为解释田志祥冒昧去信之事。沈先生对此却并不介意，还给田写了回信（曾刊《湖南文学》一九八九年第一期）。但因而不得不谈起田的亡父（沈在陈渠珍部时的朋友）。因而又不得不谈起陈渠珍。先生对陈极有兴趣，一再要我『多坐坐，多谈谈』，并以此幅相赠。

其实我只在六十年代跟陈渠珍的二儿子一同在街道上当过被监督的『右派』分子，一同打过几年『机械流』。朱纯在街道工厂做工时，亦与陈渠珍最后一任妻子彭梅玉同事，同拿十几元的月工资。陈氏最小的儿子晏生，则和我女儿在麻园岭小学同学。这些情况与陈渠珍本人关系不多，

旧梦春明忘未曾

——杨树达与湖南新文化运动

杨逢彬

杨树达

杨树达先生是举世公认的国学大师。这样一位人物，其青壮年时代，是不是沉浸于书斋，整日埋头学问呢？答案是否定的！他是专注于学问的，同时也关心并参与现实政治。他是湖南“驱张”运动的骨干；他提倡白话文，主张汉字简化；他喜欢阅读西方小说，既读英文本、日文本，也读那一时期较为少见的中译本；直至年近六旬，偶尔也还翻译一下《诗经》中的爱情诗。

杨树达先生在其回忆录的《自序》中说：“余性不喜谈政治。中年涉世，见纯洁士人一涉宦途，便腐败堕落，不可挽救，遂畏政治如蛇蝎。”其中的“中年涉世”大有讲究。以往年代，人过三十，即是中年。出身于一八八五年的杨树达先生，在五四运动前后，也就三十四五岁。也恰在这时，他的“涉世”较为频繁。

《积微翁回忆录》记载一九一九年："五月四日，北京学生以巴黎和会处置中国事不公，群众游行，反对代表签字，殴击汉奸曹汝霖、章宗祥等，是为五四运动。同时，北京大学教授提倡思想解放，文字主张白话，新潮遍于全国。长沙教育界陈夙荒（润霖）、朱剑凡等发起组织健学会，响应新潮，余与焉。"

"余与焉"三字未免太简略，它的实际内涵却是血肉丰满的。请看一九一九年六月十六日的长沙《大公报》：

> 省教育会长陈夙荒君以世界思潮多所改变，特集合同志发起学会，共同研究。业于昨十五日发起成立学会，到会者有向绍轩、姚孟宗、杨树达、徐特立、赵鸿钧、朱剑帆、方克刚、汤松、蔡湘、孔文达、李云杭、钟国陶、欧阳鼐、何炳麟、李景侨、赵翌等。首由发起人报告组织学会之意旨，略谓兄弟前次到京，偶有感触，深抱乐观。缘四年前北京大学学生，以做官为唯一目的。非独大学唯然，即大学以外之学生，亦莫不皆然。前次居京所见，迥然不同，大学学生思潮大变，皆知注重人生应为之事。其思潮已多表露于各种杂志日刊中。因之京师各校学生，亦顿改旧观，发生此次之救国大运动。其致此之故，则因蔡子民先生自为大学校长以来，注入哲学思想、人生观念，使旧思想完全交换。或误认学生救国运动为政客所勾引，而不知实出自学生之自动与新旧思潮之冲突也。盖自俄国

政体改变以来，社会主义思潮渐渐输入远东，虽派别甚多，而潮流则不可遏抑。即如日本从来对于提倡社会党人苛待残杀不遗余力，而近日竟许社会党人活动，如吉野博士等则主张采用国家社会主义以和缓过激主义，顺应世界之趋势，从容将日本政体改变为英国式之虚君制。于此可知世界潮流改变之速，势力之大矣！我国新思潮亦甚发展，终难久事遏抑，国人当及时研究，导之正轨。同人等组织学会，在采用正确健全之学说，而为彻底之研究。研究方法及其范围，尚须征求大家意见云云。继又朱剑帆君演说：主张各除成见，研究世界新思想，判别是非，服从真理。……

又据一九一九年七月七日长沙《大公报》报道：

昨星期日上午八时，为健学会订期演讲之期，到会会友约四十余人。由会友杨树达君担任讲演，演讲题为“教育和文字”。

查健学会第一次演讲者为朱剑凡，第二次是请的外面的人，此次演讲为健学会第三次演讲，于此可略微窥见杨先生在该学会中的位置。在这次演讲中，杨树达先生主要讲了三点。一是提倡白话文；二是中小学语文教育要适当加入外国文学的成分，后者尤其有助于滋养国民的精神和道德；三是提倡简化汉字。

杨先生认为，白话文运动虽然在近期是胡适之、陈独秀所大力提倡，从中西文学史看，实际上却是大势所趋，乃水到渠成之事。而白话文的教学，能使人养成读书力，助长发表力，故应大力推广。在第三点中，杨先生不认同废除汉字，却提倡简化汉字。因为，从汉字的流变史看，简化乃是大势所趋。他说："所以我们对于今日的字体加以变动，不但是绝无妨碍的事体，恐怕还是我们的天职。"在这一点中，杨先生还举了若干例，建议以"于"代"於"，以"与"代"與"，以"气"代"氣"，以"从"代"從"，以"虫"代"蟲"，以"迟"代"遲"；这些，在后来的汉字改革实践中都得到了落实。笔者曾经读到过一册上世纪五十年代初再版的初版于一九二二年的北京的《文字改革初号》，其中一篇署名"遇公"（杨先生字"遇夫"）的文章，谈的也是这个意思。一九二二年国语统一筹备会第四次大会上，钱玄同得到陆基、黎锦熙及杨树达先生联署，提出《减省现行汉字笔画案》，经大会议决通过，设立"汉字省体委员会"，有钱玄同、胡适、杨树达、沈兼士、黎锦熙、周作人等十六位委员。

至于外国文学有助于滋养国民的精神和道德，可以从杨先生为初版于一九二三年的李青崖《莫泊桑短篇小说集》所作《序言》得到印证。

毕业于莫斯科中山大学的左联女作家彭慧晚年回忆，"我从二舅杨树达的书堆中找到一本《新青年》的合订本，受到其中文章的影响，就学着用白话文写小说，发表在学生自治

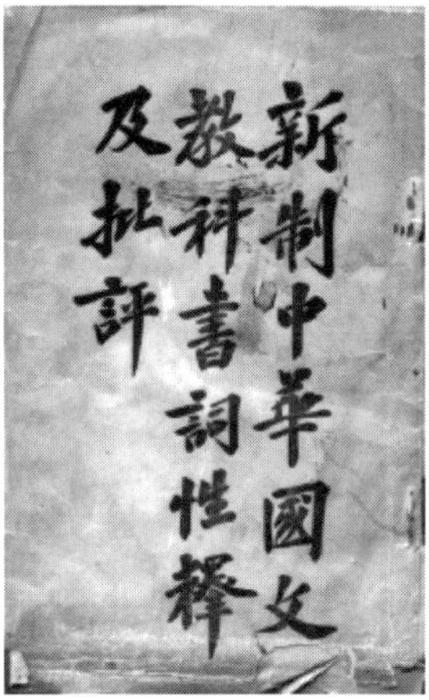

杨树达著、徐特立作序的《新制中华国文教科书词性释及批评》（一九一七年长沙发行）

会的刊物上”，以此为发端，彭慧走上了革命道路。

在一九一九年至一九二〇年湖南轰轰烈烈的驱张运动中，杨树达先生始终站在最前列。他是湖南各界赴京请愿的两名教职员代表之一。杨先生老友王啸苏先生回忆说：“当湖南发动驱张敬尧时，先生被推为教职员代表。启行有日，吾与同人往送，咸有惜别之容。杨先生慷慨言曰：‘义无反顾，势在必行，吾意决矣！’吾人皆壮之。”一九一九年十二月十八日，赴京请愿团抵京。次日，杨先生和湖南省城各校教职员代表及公民代表罗教铎、朱剑凡、毛泽东、罗宗翰等，商谈草拟准备递交大总统的联名呈文，控诉张敬尧摧残教育等十大罪行。驱张运动的高潮无疑是新华门请愿，即一九二〇年一月二十八日，教职员代表杨树达、罗教铎，公民代表毛泽东、张百龄及学生代表若干人，到新华门和国务总理靳云鹏的副官长于化龙的谈判。关于这次谈判中各代表说了什么，迄今唯一见诸文献的当事人的回忆，是新民学会女会员李思安在上世纪五十年代写的《回忆驱张运动》中的下面这段话："记得杨遇夫声色俱厉，拍桌打椅质问秘书长（作者按，实为副官长）：湖南学生离乡背井，来了这么多人，你们为什么不接见？湖南闹得这么凶，你们为什么不解决？秘书长被骂得哑口无言。"

杨树达先生在这一时期较为热衷新文化运动，既与当时内忧外患逼人而来，新文化运动风起云涌有关，更与其早年所受教育有莫大关系。清朝末年，河山日蹙。甲午战争后，杨先生"睹父兄愤慨之诚，即切同仇之恨"。十三岁，即戊戌变法前夕的湖南维新时期，与伯兄树谷一同考入陈宝箴、黄遵宪、熊希龄、谭嗣同等合力创办的湖南时务学堂，与蔡锷、范源濂等同在第一班，从梁启超学习《孟子》《公羊传》，接受了梁所倡导的民权革命思想。杨先生在一九二九年初所撰梁任公祭文中写道："其诵维何？《孟轲》《公羊》。其教维何？革政救亡。士闻大义，心痛国创。拔剑击柱，踊跃如狂！"在一九〇五年到一九一一年留学日本期间，他加入了同乡杨怀中发起的"中国学会"。

杨先生在五四运动前后对现实政治较为热情，但头脑还是较为清醒的。就在他演讲"教育和文字"的那次集会，他又动议"解释误会"，"略谓日来外间对于本会颇多误会，有谓本会主张社会主义者，并有谓主张过激派之极端社会主义者，殊堪发噱"。如果我们回顾一下我们民族此后吃过的"过激派之极端社会主义"的苦头，就不得不佩服这一动议，实在是有先见之明的。

中年以后，杨先生逐渐退出政治运动，开始通过做学问来报效国家民族。如果我们梳理一下那一时代人文知识分子如杨先生的清华中文系旧同事朱自清、闻一多等的生命轨迹，就不难发现这一转变有着某种共同性。即便如此，杨先生身在书斋，并没有完全忘怀现实政治。当日寇的铁蹄践踏神州大地的时候，他便开始撰作《春秋大义述》。正如他的挚友曾运乾在《序言》中所说："迩者以来，鉴于国变日亟，慨然中辍其考订精严之素业，而从事于师绝道丧之微言"，为的是通过阐发"大一统""尊王攘夷"与"复仇"等"春秋大义"，激励军民努力抗战，驱除敌人。

而当他在湘西山中百无聊赖的时候（他的诗句"投荒寂处冷如冰"可以为证），早年写作白话文的冲动偶尔也会灵光乍现——将《诗经·齐风·东方之日》翻译成白话就是一例：

> 太阳挂在东头啊！那漂亮的人儿，在我屋子里头啊！在我屋子里头啊！踹着我的膝头啊！
>
> 月亮爬上东墙啊！那漂亮的人儿，走过我的回廊啊！走过我的回廊啊！踹着我的脚上啊！

（作者系上海大学文学院教授，长沙人）

持短笔，照孤灯

——回忆我的父亲杨树达

杨德娴

面对青山，迎着夕阳，在岳麓山师范学院至善村前的马路上，缓缓地漫步着一双人影。金色的晚照，镀亮了他们萧疏的白发。散步的大学生们，对他俩都投以略带惊奇的目光和善意的微笑。一来是这位虽显老态但仍不失为高大魁梧的男子与其矮小纤瘦的夫人恰成对比，相映成趣；再就是因为他们那紧紧地手牵着手的亲密姿态了。要知道，那可是五十年代啊！即使是热恋中的年轻人，也没有那种胆量敢于公开表露他们的感情呢！难道我的父母亲就那样的思想新潮，举止西化吗？不！不是的。因为我的父亲已年过七旬，由于长期无休止地阅读、写作，目力已极度衰退，所以这散步就不得不借助于母亲的牵引扶持了。而这每日的黄昏散步，也正是由于目疾的缘故，父亲近来才允许给自己这一点工作之余的休息。因为在父亲的概念中休息、闲散、逸乐这些行为不仅是对时间的挥霍浪费，而且无异于过失与犯罪。那么，从我知道的父亲一生中，有没有过休息以至娱乐呢？穷索记忆，那就要回溯到非常遥远的岁月，也就是我的童年了。

那时，父亲在北京清华大学任教，不知是听了谁的劝告呢，还是静极思动（毕竟还是个有活力的中年人啊）！忽然想起要打网球。于是购置了球、球网和球拍。那长长的白色球网，那比皮球要硬也跳得更高的小球，那沉重精致的球拍，都引起了我的神秘感和好奇心。而比这些更大无数倍的好奇心乃是生性严厉、终日伏案、不苟言笑、体形胖大而规行矩步的父亲，将怎样去使用这些玩意儿呢？球场当然是自己家里的四合院。对手呢，十七八岁的哥哥虽然有两个，但不知是他们对于网球运动尚未窥门径呢，还是慑于父亲的尊严而不敢和他老人家成为竞赛伙伴一比高低。于是，这项任务便落在当时在北京大学住读的堂兄杨伯峻身上了——当然还得等到他有时间来我家的时候。我焦灼地等待着，激动地盼望着，想看到父亲怎样由一个令人生畏的威严的化身、一个终年禁锢在书斋宝座上的偶像而变成一个驰骋球场的活生生的人呢？我相信怀着这种心情的绝不止我一个，肯定包括我们全家。这一天终于来到了，球网系在院中树干上，全家男女老幼和佣人们都在旁边围观，其紧张热烈的气氛，绝不亚于世界的网球迷们欣赏温布尔登大赛。运动员上场了，父亲不失斯文地把长衫掖在腰际挥拍上阵。我们对网球运动完全是门外汉。但见他们把球儿打出去，对方总是接不着。不断地落空，徒劳地奔跑，弯着腰，低着头，没完没了地寻球捡球（两人都是近视眼，还要观众帮忙），始终未出现精彩纷呈的场面。不但打的人十分劳累，看的人也十分辛苦。比赛的结果如何，已不遑计及，但从此以后，运动员便告挂拍，白色的球网从此便扔在小屋的废物堆中蒙尘去了。

这便是我一生中仅知道的父亲的一次体育活动。

一个爆炸性的大新闻！父亲买了一架旧留声机附带一些旧唱片。什么谭鑫培、刘鸿声、龚云甫、梅兰芳、程砚秋等京剧艺术大师的著名唱段。父亲居然对京戏发生了兴趣！一个晚上父亲和母亲、母亲的干妈带了我（获此殊荣，兴奋可知）分乘人力车直奔旧刑部街哈尔飞大戏院。到剧场坐定后，灯光下看到父亲胸前抱着一个好大的包袱，我想大概是衣服什么的吧！旧社会一晚上要演六七出戏，前面的自是无名之辈；及至名角出台，父亲才打开了腿上的包袱。天啊，里面足有二三十本《戏剧大观》《戏考》《大戏考》之类的书。原来父亲听戏也像做学问一样认真，绝不满足于囫囵吞枣地去欣赏那或低回婉转或响遏行云的绕梁三日之韵，而是要一丝不苟、逐字逐句地对照着听、对照着看，于是把书匆匆分发给我们，要我们赶快把台上演出的剧目戏词找出来。可惜书又带得太多了点，一时无从下手。

“在哪本呀？”

“在生部吧！”（指以生为主角的剧目分类。）

“不对，是在旦部。”（戏中生、旦并重，难以区分。）

“啪哒！啪哒！”有书从腿上掉下去了，我得钻在座位的狭小行间和看客的腿脚缝中去摸索。“蠢死了，快点啰！”

“好了，找到了。”

“怎么唱的和书上有些不同呢？”

父亲生性急躁，我们在他的催促下，弄得手忙脚乱，而且交头接耳，叽叽喳喳，不免影响了四周邻座，引起了各方的不满和抗议。唉！这样的看戏，简直叫受罪呀！幸而父亲的京戏瘾头就此昙花一现，从此又回到书斋，不再作顾曲周郎了。

这就是我一生中仅有的一回陪父亲上戏院欣赏戏剧的活动。

父亲除了去授课外，终日独处书斋，从不与孩子们接近或稍假以辞色。每天全家相聚的时刻是在晚餐桌上，还得严守“食不言”的古训，不许出声。平时，孩子们在院子里嬉笑玩耍，偶尔声音大了点，也会遭到严厉的训斥。可是，父亲对朋友、客人，又是多么的热情啊！高谈阔论，神采飞扬，还不时发出爽朗洪亮的笑声。

父亲自幼家境贫寒，所以一生生活简朴，除了买书外，非常节约。对孩子们的零用钱，简直到了极其吝啬的程度。记得我读初中时，为了要缴郊游颐和园的一元钱，曾流了多少伤心的眼泪啊！可是，父亲对于他的学生又是何等的慷慨大方。一九三七年，抗日战争爆发，父亲从北京回到家乡湖南大学任教。因战事湖大迁辰溪，敌机又数次轰炸湖大校舍，父亲的几种书和棉被亦被焚毁，我家就搬到距学校数里的马溪居住。那时空袭警报频仍，有时一日数起，中文系的学生总是到我家来躲警报。抗战期间，教授生活非常贫困，可是开起饭来总是一大桌人。对那些家乡沦陷，与家庭失去联系的学生，父亲亦给予经济上的援助。解放后，经济转丰,更经常接济有困难的学生,甚至泽及早期门生的后人。

父亲执教数十年，门墙桃李，何止百千，不论是对本校学生或素不相识的执经问义的好学之士，都一概谆谆教导，诲人不倦。并对他们的工作、谋职生活以及婚姻等无不关怀备至，竭力相助。而对儿女们，仅是在避地乡居的一个暑假里，教了几首唐诗和一篇《桃花源记》。

幼时不懂事的我，曾多少次不无遗憾、不无羡慕、不无怨怼，更不无痛苦地感受到父亲的爱心、笑容和话语给予别人的是那么多，而给予我们的又是多么少啊！在若干年后，尤其是看了父亲的回忆录后，我才体会到父亲那种严厉、含而不露方式的爱。是的，孩子们是自己的，就在家里，近在身旁，等工作稍闲时再去尽情地呵护吧。可是，时间对父亲来说永远是那么不够用。对学术的追求和探索占据了他的全部身心。就这样，年复一年，孩子们终于都长大了，一个个走向了自己的人生道路。

若干年后，父亲著作等身，誉满学坛，受到了政府和人民的重视，受到了国内外学者专家们的景仰和高度评价，培育了一代又一代的英才俊彦，为祖国、为人民、为人类历史、为民族文化作出了巨大贡献。

父亲那锲而不舍、好学不厌、孜孜以求、终身不辍的顽强治学精神是认识他的人所共知的，也镌刻在儿女们的心中。不论是在抗战时期，生活困难、营养不良、贫病交加的日子里，还是在风雨如磐、黎明前的漫漫黑夜中，还是新中国成立后万象更新、精神振奋的欢乐时刻，他都是每晨四五时即起，在微弱的煤油灯下（在辰溪和刚光复的岳麓山，家中都没有电灯），开始一天的工作。父亲像是一位淘金者，淘洗着、筛选着每颗金色的微粒。父亲像是一个潜水人，在浩瀚无涯的知识海洋中，采集着闪光的贝壳和明珠。终于有了收获，受到了尊敬，得

一九二一年六月四日，杨树达和夫人补照结婚照

到了荣誉，但这只是他辛勤劳动的结果而不是目的。他所做的一切并不是为了个人；恰恰相反，而是为之奉献出全部自我，摈弃了生活中的享受，付出了家庭的天伦之乐。

上了年纪的父亲，对儿女们慈祥了，常希望大家团聚在他身边，对于孙子们一辈，更是如此。每天在繁忙的工作中，也要抽出几分钟逗弄玩笑一阵，是一位慈爱的老祖父。

父亲晚年，仍一如数十年的老习惯，每早天不亮就在灯下工作。由于目力使用过度，左目几近失明，右目也视力很差。看到他紧眯着一只眼睛，一只手拿着书，鼻子几乎碰到书页上，另一只手拿着放大镜紧挨在近视镜前上下移动着的吃力情景时，真叫人揪心。为了能使他老休息一下，家人买来了留声机和唱片。他为了不拂人意而勉强听了几支歌曲之后，就再也置之不理了。没有任何事物可以取代他手中的书、笔、放大镜。别人看着痛苦，他却乐此不疲。

解放后，父亲任全国政协委员、中国科学院学部委员，湖南省文史研究馆馆长。毛主席来湘，数次接见了他。毛主席还多次与父亲书信往来。一九五五年九月，父亲应邀到北京参加国庆观礼，毛主席接见和宴请了他。父亲受到了巨大的鼓舞，并参加了现代汉语规范化学术会议，承担了哲学研究所笺注《盐铁论》的课题。回湘后，父亲不顾身体有病，更加勤奋地笔耕不辍。原定为期一年的工作，在短期内即初步完成，只剩下最后的加工润色了。但这时，也即一九五六年二月，父亲突患脑溢血和消化道出血，遂卧床不起，口不能言，完全处于昏迷状态。如此数日。在弥留前的深夜，我未入睡，于万籁俱寂中，忽然听到他突然迸发出断续而模糊的声音：“我……还有……事情……要做呢！”这是指《盐铁论要释》的最后润色工作而言。这是他老留在人间的最后一句话。在病魔与死神的胁迫下，他在抗议，他不甘屈服，他不能接受病魔强加给他的休息。

暮色中，至善村前，麓山门一带的黄土马路上，再也看不到散步老人的身影了。一个永不知道休息的人，终于获得了他一生中最后的、永恒的休息。

（作者系湖南省文史研究馆馆员，杨树达先生长女，长沙人）

相关链接

杨树达（一八八五—一九五六），湖南长沙人。曾任北京师范大学、清华大学、湖南大学、湖南师范学院教授，教育部部聘教授，中央研究院院士，中国科学院学部委员、湖南省文史研究馆馆长，第二届全国政协委员。他在二十世纪中国学术史上享有极高地位，在语法学、修辞学、训诂学、词源学、文字学、古文字学、文献学、考古学等方面都卓有建树；在上述领域，其著作均被公认为经典之作。

湘西的教育事业者

李震一

说到湘西的教育前辈及有识前进分子的自我救愚，我应该首先提到张星舫（炯）先生。

星舫先生，在湘西是一个被大家崇敬忆念的人物，尤其是在教育方面。

当西路师范学堂初办的时节，学校中的衙门气氛是颇为浓厚的，这时星舫先生便在那里任国文教员，每周星期六回寓一趟，星期一如时返校，从未爽期。学堂自监督以至教员，通常出外是坐轿，而且坐的是三人大轿，但星舫先生便是赤足草履，徒步往来，给人们以新奇的感觉。

湘西有两所值得人们忆念的学校：一所是特殊师资训练班，一所是屯区中学。这都是特为苗胞所办的学校。其中创办人为石爱山、陈庆梅、刘佛林诸先生，而尤其值得

《湖南的西北角》书影

称道的为星舫先生。

星舫先生时为九区行政督察专员，对创办屯中，已尽过最大努力；后来率性辞了专员，专办屯区中学。他先生以六十高年，率领学生挑水、锄菜、扫地，实行他的教育劳动化的主张。

而今特殊师资训练班一再改称，成为今日之省立第九师范，屯中一再改称，成为今日之省立第十三中学。不复专为青年苗胞的作育之所，但经张星老与陈庆梅先生亲手培植出来的苗区青年已有很多在为国民教育服务，更有很多快大学毕业而蔚为国用了。

还有一位是几乎近于无名英雄的溆浦罗春五先生。

罗春五先生，是溆浦均平乡第八保人。他在中学毕业的时候，深以他所在的一乡仅有两个中学生，引为莫大的耻辱。于是他在大学毕业后，便决计以小学教育为终身事业，从此以后，一连二十年连续任他所住的均平乡第八保的小学校长（即现在该保的保国民学校，校长仍为罗氏），他在二十年中，扫除了保内的文盲，使妇女也能识字。现在他这一保中，有大学生十余人，有留学生数人，在中学念书的有四十余人。罗先生把孩子们从小学教了出来，送他们入中学，还送他们入大学。说也奇怪，在他这一保，大学生是要为这一小学校长管理着的。每年暑假，大中学生都从外面归来了，罗先生便召集了一个很热烈的全保恳亲会。瞧着通知书上有不及格的，便立即罚起立正来。他亲眼看见他一手培植的孩子学成，他泛起愉快的笑。

在他这一保，学款学产，由他一手筹集一手经理，他以至公无私的精神为大众保存这一副产业，他更为大众在不断的造产。他买了鱼苗给保内有塘的人蓄起来，买了小猪仔给保内人民蓄起来，鱼猪养成了，换成谷子，妥善的储存。他在保内分摊了学谷，一石两石，谁也不会否认。缴谷迟了立着罚规，而罚谷也常是为出谷者欣然自动送来，没有人去催促着的。

罗先生快六十岁了。他永远在这穷乡僻壤中，为国家百年树人，不为名，更不为利，然而罗先生已经有了伟大的成就。

风气所趋，溆浦人的兴学，更有足多。例如保校的基金都有了相当的数字，每校都有学田五十亩至一百亩。去年，原子弹打败了日人，溆浦人对于理化的研究与奖励更是感觉兴趣。县中人士，筹集了理化奖学金二千万元。凡县内考取大学理化科的学生，其学膳书籍等费概由公家负担。这在湖南全省说来，似乎还是创见。

除了溆浦以外，他如乾城的普设国民教育促进会。积极充实学校基金，以酬神还愿的迷信经费，罚作教育基金。湘西教育先进，如石宏归、刘佛林、陈庆梅诸先生，不久以前的致力于特种师资训练，萧逢蔚先生，彭婠容女士之尽瘁办学者，这都是湘西人“自我救患”声中最宏伟的力量。

许多人以为湘西人在文化教育上也有“排外”的表现，并引中等学校中很少外人插足其间为证。不过湘西终于是偏僻地方，交通太梗塞了。外人不乐意来，也是必然的。湘西教育界人士，应如何设法使能借才于外，似乎确是必要之图，王阳明先生在湘西文化上是有着光明的启示的。记者希望湘西的有识前进分子能本着王阳明先生筚路蓝缕艰苦奋斗的精神，为此邦辟草开来，披荆斩棘。

（节录自宇宙书局民国三十六年九月初版的《湖南的西北角》，作者李震一时为《中央日报》驻湘记者。该书由于右任题签书名，沈从文、马星野作序）

关于《湘水记》的不同稿本

李长林

《湘水》第二辑上刊登的王文清的《湘水记》，以此文展现《湘水》这一湖南人文丛刊的风采和特点，编辑颇具匠心，用意高雅。介绍湘南稀见文献，应是《湘水》的重要栏目，有助于读者感受与传承源远流长的湖湘文化。

读罢《湘水》刊登的《湘水记》(辑录自清《皇朝经世文编》卷一一七)感到编辑在处理此文时，留下一点点遗憾。

据我所知，王文清的《湘水记》在湖南流传有另外一种稿本，即贺孝武校勘的《湘水记》，初刊于郑佳明主编的《历代名人记长沙文选》(湖南文艺出版社一九九八年版第二一五～二一八页)，这一稿本除录自《皇朝经世文编》卷一一七之外，另据陈运溶的《湘城访古录》参校。贺孝武校的这一稿本，在内容上比《皇朝经世文编》所辑的，要详细些，一为六百字，一为一千字，校者还加有注释二十余则。贺孝武在《文史拾遗》二〇一二年第一期，再次刊发《湘水记》时，又附有此文的简介，指出：本文作者王文清（一六八八——一七七九），号九溪，是清前期著名经学家，雍正朝进士，先后两次出任岳麓书院山长，著有《周易中旨》《周礼会要》等，诗文也颇有时名。本文名为《湘水记》，实际上主要记载的是一七五四年他对湘水源头的一次私人考察。这比去年某媒体组织的“湘江源之行”早了二百多年。本文以细腻的笔墨记录了湘水如何从“涓滴细流”汇合成“金江奔腾”的渐变过程和具体路径，颇具科考价值。

何谓“三湘”，至今争论不休，本文却得出了正确的结论，记曰：“潇湘、蒸湘、沅湘，三水皆纬流，而经之者湘水也……此三湘之所由名也。”《湘水记》不仅是游记，也是经世之作。文章结尾指出，湘水“其渊源有本，其流行有渐，其支派有条，其分合有序”，从而悟出“天下事由浅而深，积小成大，下而善受之不穷”的道理，难怪魏源要把它收入《皇朝经世文编》。

《湘水》在刊发《湘水记》本文之后，设有“相关链接”，但没有提及《湘水记》的不同稿本。这应是一疏漏，笔者为此作补充，特写此文，供学界参考。

（作者系湖南师范大学历史文化学院教授，辽宁人）

《湘水》读后

许渊冲 等

许渊冲（北京大学资深教授，著名翻译家）

钱锺书先生认为中文精炼，英文精确，中国文化为二重奏，西方文化为二人斗。读了《湘水》之后，更知道他的思想和蓝田国立师范学院的关系。

陆灏（《万象》杂志原主编，作家、学者）

我平生从未到过湖南，但读近代史，却是无法绕过湖南的。不仅政治，学术也是，大有可挖掘的内容，期待《湘水》介绍更多现在不太为人知的人物（如杨度的弟弟杨钧等）。

杜泽逊（山东大学儒学高等研究院教授，《国学茶座》主编）

湘人著述影响中国文化之巨者，曰屈原《离骚》《天问》《九章》《九歌》、周敦颐《爱莲说》《太极图说》、王夫之

《船山遗书》、魏源《海国图志》、曾国藩《曾文正公全集》、郭庆藩《庄子集解》、王先谦《尚书孔传参正》《诗三家义集疏》《汉书补注》《后汉书集解》《庄子集解》《荀子集解》、皮锡瑞《五经通论》《经学历史》、叶德辉《书林清话》、王闿运《湘绮楼日记》、杨树达《词诠》、杨伯峻《春秋左传注》，词章、义理、考据，俱臻高诣，诚可傲视天下，光耀四方。《湘水》普洽文坛，前途正未可限量也。

杨念群（中国人民大学清史研究所教授，《新史学》主编）

一拿到《湘水》，素白的封面中一幅淡雅的《山市晴岚图》就吸引了我，恍惚身处湖湘的群川澮水之中，引起翩翩遐思。《湘水》内容是以湖湘掌故文事为主，《潇湘故人》《湘雅遗篇》《湖南文献》等栏目的设置充分体现出编辑者的构思匠心。此刊特别适合于夜里灯下慢慢品读鉴赏，悠游于湘籍硕彦营造的历史情境之中。寄语《湘水》，望继续保持以荟萃湘人文献掌故，释读湘人独特文脉的风格理念。尽量让湘人自身呈现其言行风貌，促古人乡贤现身说话，而今人不做过度读解，以区别于充满刻板解释辞藻之学术刊物。历史上的湖南虽然是一个区域，但近代湘人也是在与其他地域的互动中才真正崛起和显赫的，湘人以外的学人如何看待湘地湘人，仍为不可或缺的视角，故邀约其他地域的文人学者共同参与刊物的撰稿尤为紧要，以避免出现依恃乡贤功绩唯我独尊的自闭心理。祝愿《湘水》在如过江之鲫的各类杂志刊物中脱颖而出木秀于林，其影响力如湘江之水一般川流不息，泽被学界。

孟泽（中南大学外国语学院教授）

《湘水》前两辑读了，感佩！为编者作者的付出和努力。在盛产文字垃圾的眼下中国，《湘水》真是过眼清凉，一片锦绣。尤其喜欢少功先生的《巫楚之野》和鲁湘兄的《风雨赋潇湘》，情识兼胜，不仅有判断力，而且有想象力。

所谓传统，从来不是一笔等着我们去拾掇去继承的遗产，甚至也不存在一种一言以蔽之的本质，传统的华丽呈现，端赖于我们的创造力和想象力。愿《湘水》以创造新湖湘人文的使命自任！

编后

在经历了一年多的酝酿之后,《湘水》丛刊再次出发,它现在换个样子,以正式出版物的新姿,悄悄来到读者面前。

细心的读者会发现,新刊的装帧有了些微变化,但封面依然采用朱熹诗碑的“湘水”二字。为什么封面总是采用朱熹的字,而将今人的题字放在扉页?许多人问过我这个问题,因此有必要交代几句。一是因为“众里寻他千百度”的缘分。创刊之初,我走遍三湘四水,寻找刊名用字,考虑过集湘贤欧阳询、怀素、何绍基的字,也考虑过约请当今书法家题字,但迟迟未见到成果。于是我来到千年学府岳麓书院,流连其中,耐心寻觅,终于在朱熹诗碑上发现“况惮湘水深”一句,当时喜出望外,像孩童见到了喜爱的童书。次日拿拓片给出版家锺叔河先生看，他说妙就妙在“湘水”二字连写在一起，笔势和文气都很连贯。当然，我还看重“朱张会讲”对于湘学兴盛的推动作用。二是因为“为有源头活水来”的缘分。朱熹诗云“问渠哪得清如许，为有源头活水来”，我以为办刊就要有“源头活水”的精神。本刊的“源头活水”既在于源远流长的湖南人文历史题材，也在于对湖南人文历史题材有研究、有兴趣的作者，因此我常常对学术文化界的旧雨新知说，写文章就是最大的支持。可喜的是，在这个几乎不再有手稿的电脑写作时代，编辑部偶尔会收到一些老先生的手稿，一脉文心浸润纸上。本辑刊登的黄永玉先生手札，字里行间表露出先生的心路历程，就是十分靠谱的现身说话和文化传承。

来京工作后，我将《湘水》往期刊物送给湘籍文化学者王鲁湘，他问起刊名的来历，我就跟他细说了上述的“两种缘分”，他若有所思，挥毫书写“何惮湘水深”五个字勉励编辑部同仁。从“况惮湘水深”到“何惮湘水深”，一字之改动，意蕴却大不同。我想，有了广大作者和读者的关心支持，有了编者的精心耕耘，对湖南人文历史的研究、写作与传播才会有“何惮湘水深”的底气。

编者

二〇一六年十月

稿约

《湘水》为不定期出版的湖南人文丛刊，以“发掘湖南人文历史、阐扬湖南人文精神”为宗旨，长期向广大读者、作者征稿，内容主要包括：

一、解读湖南文化地标、文化人物、文化事件的文章；

二、展现湖南人文底蕴和人文风貌的文章；

三、抒写湖湘情怀和湖湘记忆的文章；

四、介绍湖南稀见文献和文物的文章；

五、研究湖南与外省人文交流的文章；

六、有关人文学术方面的文章。

来稿应是未公开发表的原创作品，文责自负，字数以五千字内为宜，并请自留底稿。三个月内未获采用通知，可另行处理。

本刊有权按照著作权法对来稿进行修改，如不同意修改，投稿时请注明。

来稿请附真实姓名、联络电话、通讯地址、电邮地址及一段不多于一百字的个人简介（注明籍贯），寄电子邮箱：hxq0731@163.com。为表谢忱，作品刊出后，即致稿酬和样刊。

《湘水》编辑部

图书在版编目（CIP）数据

湘水．第三辑 / 黄友爱主编．—长沙：岳麓书社，2016.12
ISBN 978-7-5538-0700-3
I. ①湘… II. ①黄… III. ①地方文化—湖南—文集
IV ① G127.64-53
中国版本图书馆 CIP 数据核字（2016）第 314306 号

湘水·第三辑

XIANG SHUI·DISANJI

主编：黄友爱
责任编辑：马美著
责任校对：舒　舍
封面设计：吴颖辉
岳麓书社出版发行
地址：湖南省长沙市爱民路 47 号
直销电话：0731-88804152　88885616
邮编：410006
岳麓书社网址：www.yueluhistory.com
版次：2016 年 12 月第 1 版第 1 次印刷
开本：797×1092　1/32
印张：4.125
印数：1-3 000
书号：ISBN 978-7-5538-0700-3
定价：26.00 元
承印：长沙超峰印刷有限公司